Südafrika – kaum ein Staat stand in den letzten Jahren derart im Interesse der Medien wie das Land am Kap der guten Hoffnung. Die einen woll(t)en eine schnelle politische Veränderung, die den Zugang zur politischen Macht für alle vorsieht, die anderen wünschen eine langsame Entwicklung. Doch wie sieht das Land wirklich aus? Gibt es eine Verständigung zwischen Schwarz, Weiß, Coloured und den Indern? Wie äußert sich die tägliche Unterdrückung? Wie finden Gespräche über die politisch gezogenen Grenzen statt? Fragen über Fragen nach der Realität Südafrikas.
Der Autor besuchte mehrmals Südafrika. Er setzt seine Beobachtungen in diesem Buch zu einem komplexen Bild der komplizierten Wirklichkeit Südafrikas zusammen. Das Buch demonstriert, wie sehr alle Menschen, die in Südafrika und Namibia zusammenleben müssen, Gefangene ihres Zustandes sind. Das Buch zeigt die Gitterstäbe, die das Leben im Land am Kap bestimmen.

Der Autor, geboren 1949, studierte Ethnologie und Kunstgeschichte. Er lebt als freier Autor und Journalist in Wien und Dallein.

Die Land Is Ons Land

Passagen Zeitgeschehen

Helmuth A. Niederle

die land is ons land

Reportagen aus Südafrika und Namibia

Passagen Verlag

Deutsche Erstausgabe

Gedruckt mit Unterstützung des
Bundesministeriums für Unterricht, Kunst und Sport
des Kulturamtes der Stadt Wien und
des Kulturamtes der Niederösterreichischen Landesregierung

CIP-Titelaufnahme der Deutschen Bibliothek

Niederle, Helmuth A.:
Die land is ons land: Reportagen aus Südafrika und Namibia /
Helmuth A. Niederle. – Wien: Passagen-Verl., 1990
(Passagen Zeitgeschehen)
ISBN 3-900767-45-9

ISBN 3-900767-45-9

Graphisches Konzept: Ecke Bonk, Düsseldorf 1989
Satz: Fuldaer Verlagsanstalt
Druck: Interpress Budapest

Inhalt

Freiheit ist der Minotaurus außerhalb des Labyrinths.

Breyten Breytenbach

Vorwort

Wer in ein Reisebüro geht, um einen Flug nach Südafrika zu buchen, kann sich in der Situation wiederfinden, daß die sonst so hilfsbereiten Menschen plötzlich sagen: Wir verkaufen keine Tickets in das rassistische Land. Da helfen auch Beteuerungen nichts, daß man eine schwarzafrikanische Linie benützen möchte. Am Thema Südafrika scheiden sich die Geister der Menschen, die sich nur ein wenig mit dem Land beschäftigt haben, das am Kap der guten Hoffnung liegt. Die einen halten das jetzige Regime für unmoralisch, die anderen meinen, nur eine weiße Herrschaft in Südafrika vermöge den in diesem Land gegebenen Lebensstandard aufrechtzuerhalten.

Das besondere daran ist, daß die Vertreter beider Argumentationslinien in den seltensten Fällen in dem in Rede stehenden Land waren und versucht haben, sich selbst ein Bild zu machen. Ich sage absichtlich versucht: Ein Land, das an die vierzehn Mal größer ist als Österreich, läßt sich nicht bereisen wie ein norditalienischer Badeort, wo selbst der Faulste nach vierzehn Tagen jeden Stein kennen muß, es sei denn, er hat sich bloß vom Strand in die Birreria geschleppt. Südafrika, ein Land der Gegensätze, nicht nur zwischen Schwarz und Weiß, zwischen Stadt und Land, zwischen den einzelnen Generationen, zwischen oben und unten, zwischen Homelands und Villenvierteln, zwischen Townships und grauen Zonen, zwischen Wüsten und Naturparks, lädt Fremde ein, es zu bereisen: *Entdecken Sie unsere Welt in einem Land* steht verheißungsvoll auf dem Prospekt.

Die Vielzahl der Aspekte und der Erlebnismöglichkeiten wird völlig richtig angesprochen, nur vergißt dieser Prospekt, wie viele andere Druckschriften aus Südafrika auch, daß in diesem Land noch immer die Apartheid das Leben bestimmt. Das bedeutet, die kleinere Gruppe der Weißen hat die politische Macht, die größere der Nichtweißen wurde nie gefragt, ob sie solchen Bedingungen zustimmen möchte. Das heißt in klaren Worten: Bürgerrechte sind der Mehrheit vorenthalten worden und werden es noch immer.

Solch verführerisch aufgemachten Prospekte vergessen aber auch das ungeheure Spannungspotential zu erwähnen, das in den Gegensätzen liegt, die als sehenswert angeboten werden. Südafrika ist ein Land, in dem sich eine hochentwickelte Industriegesellschaft (Erste Welt) mit armen, rückständigen, sogenannten traditionellen Gebieten (also Dritte Welt) zu einer inhomogenen Einheit zu verbinden hat, wobei nicht ausgeschlossen ist, daß die Rückständigkeit ein wesentlicher Bestandteil der hohen Entwicklung war: Geringe Entlohnung sicherte den Vorsprung der Elite.

Es hieße Werbeprospekte überfordern, wenn diese, als Appetitanreger gedacht, kritisches Material beinhalten sollten, das möglicherweise von der Reise abschreckt. Nun ist aber Südafrika nicht irgendein Land, sondern das einzige Land der Welt, das in seiner Verfassung die Bürger nach verschiedenen Rassen klassifiziert, entweder als Weiße, zu denen – merkwürdig genug – auch die Japaner gezählt werden, oder als Schwarze, Coloured („Mischlinge“) oder Inder. Die Zuordnung verhindert jedoch nicht, daß immer wieder Umklassifizierungen vorgenommen werden:

1986 sind neun Weiße zu Mischlingen, 506 Mischlinge, neun Inder und sieben Chinesen zu Weißen, vierzig Mischlinge zu Schwarzen, 67 Inder zu Mischlingen, zehn

Schwarze zu Indern und so weiter umklassifiziert worden. Solche bürokratischen Maßnahmen führen, wie sich leicht vorstellen läßt, zu ungeheuren menschlichen Kränkungen. Gewiß, solche Probleme haben in einem Reiseprospekt nichts zu suchen. Außerdem ist das Informationsmaterial von offizieller Seite derartig gut gemacht, daß viele Reisende zurückkommen und ihren Freunden erstaunt sagen können: „Was habt ihr, in Südafrika ist doch alles bestens. Was bei uns in den Medien läuft, ist alles maßlose Übertreibung!" Über Südafrika kann man so vieles sagen, lassen sich so unterschiedliche Aussagen treffen, die für eine Situation richtig und für eine andere falsch sind. Ausnahmen sind, ich will nicht sagen, die Regel, aber vielleicht häufiger als anderswo. Nicht ohne Grund gilt Kapstadt als viel liberaler als Pretoria. Die offizielle Hauptstadt Südafrikas wird als Hochburg des konservativen Burentums angesehen und die Region nördlich von Upington zeichnet sich sogar durch das strikte Festhalten an der kleinen Apartheid aus. Daraus wird ersichtlich, daß es keine einheitliche Position der Weißen in Südafrika gibt.

Südafrika zu beschreiben erfordert eine äußerst differenzierte Betrachtungsweise, andernfalls lassen sich nur Unwahrheiten berichten.

Das Beispiel Johannesburg

Der Anflug auf den Jan Smuts-Airport gehört sicherlich zu einem der faszinierendsten Erlebnisse, die ein Passagier haben kann. Nach einem langen Flug über endlose Weiten, die nur hin und wieder von einer Straße, die häufig schnurgerade bis in die Unendlichkeit zu laufen scheint, und einigen kleinen Dörfern unterbrochen werden, nähert sich die Maschine dem gewaltigen Stadtkonglomerat Johannesburg, Soweto, Pretoria. In großen Schleifen überfliegt der Jet Häuser, Abraumhalden, künstliche Seen, Highways. Manche der Abraumhalden glänzen golden. Es ist, als wollte eine der Grundlagen südafrikanischer Wirtschaftsstärke dem Besucher aus fernem Land sofort zeigen, wie wichtig sie sei.

Der Kontrast zu den vorigen öden Regionen ist berauschend. Highways zerschneiden die Landschaft, fressen sich in die Stadt hinein. Riesige Wolkenkratzer bohren sich in den Himmel, rund um diese Machtdemonstration, von architektonischem Gestaltungswillen geprägt, der seine Entsprechung in ungeheurer Finanzkraft finden muß, unübersehbare Ansammlungen von Häusern in Grünanlagen. Jedes dieser Häuser ist von einem blühenden Garten umgeben, in jedem Garten ein Swimmingpool, der wie ein grünes Auge wirkt. Solche Anlagen lassen vermuten, hier haben sich Menschen wohnlich eingerichtet. Sie denken nicht daran, das Land zu verlassen. Sie sind keine Besucher auf Zeit, keine Nomaden, sondern Menschen, die wissen, wo sie zu Hause sind: *die land is ons land.* Diesen Satz wird man noch öfter zu hören bekommen. „Das ist unser Land". Unser Land, was nicht nur die Scholle meint, sondern alles, was dazu gehört. Die Tiere, die Menschen, die Pflanzen, die Bodenschätze. Alles, alles, alles. Besitz im alttestamentarischen Sinn, über den man absolute Verfügungsgewalt hat.

Noch ist es nicht soweit. Die Abfertigung auf dem Flughafen ist schnell, unbürokratisch und sehr höflich. Keine nennenswerten Kontrollen. Niemand interessiert sich dafür, was der anonyme Fremde an Lesestoff mitnimmt. Was hat man sich in Europa nicht alles sagen lassen: „Nimm kein Buch gegen die Apartheid mit! Sonst könntest du Schwierigkeiten mit der Zensur oder den Ausnahmebestimmungen bekommen."

Bald weiß der Fremde: So unnachsichtig wie sich die Grenzer zum Ostblock aufgeführt haben, sind die Zöllner Südafrikas nicht. Der Ausnahmezustand existiert, darüber gibt es keinen Zweifel, es sind auch die Möglichkeiten der Medien zur kritischen Berichterstattung eingeschränkt. Nur bedeutet das etwas anderes. In Südafrika, wo Menschen an die angelsächsische Presse gewöhnt sind, reagieren Leser auf Einschränkungen heftiger als in Ländern, die nicht diese Tradition haben. Zahlreiche Veröffentlichungen sind daher selbst nach Einführung der Zensur immer noch kritischer als vieles, was in Europa als liberal eingestuft wird. Daß diese Einschränkungen nichts mit dem Verbieten von unliebsamen Publikationen zu tun haben, wie dies in manchen faschistischen und auch kommunistischen Staaten der Fall ist und war, wird jedem klar, der durch die Buchhandlungen geht.

Die Werke von Alan Boesak, Desmond Tutu, Christopher Hope, um nur einige zu nennen, stehen stapelweise in den Regalen. Wie überhaupt die apartheidskritische Literatur größeren Raum in den Buchhandlungen einnimmt als die systemstützende.

Nach dem Durchschreiten der Grenzkontrollen steht der Besucher in einem Flughafengebäude der ersten Welt. Gepflegt, westliche Großzügigkeit im technischen Stil, Warenangebote, ein Kommen und Gehen. Kurz, ein Flughafen mit internationalem Flair. Unbürokratisch auch das erste Geldwechseln. Am Schalter die Werbung der Bank: Das Institut hat auch Chequehefte für Linkshänder. Das privatwirtschaftliche System weiß, wie man Erfolg hat. Service, das einem jeden Wunsch von den Augen abliest, den man sich leisten kann.

Damit wird schon bei der Ankunft in Johannesburg anhand einer Kleinigkeit die Widersprüchlichkeit des ganzen Landes vor Augen geführt: Für die Bequemlichkeit des linkshändigen Chequebuchbenützers wird überreich gesorgt, während die dieser Sorge entsprechende Ausgestaltung der Rechte für Nichtweiße nicht gegeben ist. Johannesburg, im Volksmund eher Jo'burg genannt und von den Schwarzen als *Egoli* (Stadt des Goldes) bezeichnet, übertrifft alle Vorstellungen. Man glaubt nicht in einem afrikanischen Land zu sein, sondern in Amerika. Wolkenkratzer, gewaltige Highways, protzige Bankgebäude, die einem zu verstehen geben, welcher Reichtum in dem Land vorhanden ist, Versicherungsgebäude, Industriefirmen, Hotelpaläste und an der Peripherie auf den Anhöhen gepflegte Wohnsitze von Reichen. Die Folge eines Baubooms, der eigentlich erst vor hundert Jahren begonnen hat.

1886 fand der aus Südafrika stammende Goldgräber und Farmarbeiter George Harrison blaugelbes Gestein. Harrison, der in Westaustralien als Golddigger Erfahrungen gesammelt hatte, zermalmte das Gestein, wusch die Probe und fand Goldpartikel als Rückstand in seiner Pfanne. Niemand konnte ahnen, daß damit eines der reichsten Goldvorkommen der Welt entdeckt worden war. Das einzige, was man wußte, waren die negativen

Folgen eines Goldrausches, die Vorbilder aus Amerika und Australien waren hinreichend bekannt; Wissen verhindert bekanntlich nicht Katastrophen. In weniger als einem Jahr war nicht nur eine Börse errichtet, sondern auch eine Vielzahl von Bordellen und Bars eröffnet.

Der Name der Stadt Johannesburg soll auf die Tatsache zurückzuführen sein, daß sowohl der Präsident Stephanus Johannes Paulus Krüger als auch der Landvermesser Johann Rissik und der Direktor des Minendepartments Johannes Christian Joubert denselben Vornamen trugen.

Die Entwicklung der Stadt war rasant. Schon um die Jahrhundertwende zählte Johannesburg ungefähr hundertausend Einwohner. Heute nähert sich die Zahl der Zweimillionengrenze. Damit ist Jo'burg in Afrika nach Cairo und Alexandria die drittgrößte Stadt, die größte südlich der Sahara und die größte binnenländische Stadt der Welt überhaupt. Sie liegt an keinem Fluß, keinem See und nicht am Meer. Sie liegt genau dort, wo man die reichsten Goldvorkommen findet. Die Abraumhalden, in Südafrika *dumbs* genannt, prägen das Landschaftsbild und sind ein unübersehbares Zeichen für die Ursache der Stadtgründung. Neue Verfahren scheinen die Goldgewinnung aus den *dumbs* gewinnträchtig zu machen. Dazu sind aufwendige und kapitalintensive Methoden erforderlich. Die Kapitalstärke zur Goldgewinnung war schon bei Beginn des Abbaus des begehrten Minerals bedeutsam. Gold wurde in Johannesburg nicht in Form von *Nuggets*, also kleinerer oder größerer Klumpen gefunden, sondern es war in Form von fein verteilten Partikeln im Gestein enthalten. Der Entdecker des sagenhaften Reichtums, Harrison, soll angeblich seine *Claims* um 150 Pfund verkauft haben, weil er keine Möglichkeit hatte, den Abbau gewinnbringend zu betreiben. Und da Gold die Geschichte der Stadt bestimmte, die sich 1753 Meter über dem Meeresspiegel auf einem Bergrücken im Hochland des Transvaal erhebt, ist heute die Gold Reef City eine Sehenswürdigkeit. Gelegen auf dem Gelände des früheren *Gold Mine Museums* ist diese Touristenattraktion ein Symbol besonderer Art: Die Idee von John Rothschild, anstelle eines kleinen Museums, das die Gewichtigkeit des edlen Materials für die Geschichte des Landes nicht repräsentieren kann, eine nostalgisch anmutende Stadt zu bauen, fand kräftige Unterstützung. Banken halfen bei der Verwirklichung der Idee, Häuser nach originalen Vorbildern nachzubauen und so der Nachwelt zu erhalten. Fände diese Idee in Wien statt, würde der scharfzüngige Beobachter von einer Operettenstadt sprechen. Und in der Tat, Gold Reef City ist eine Operette. Die Häuser, die Geschäfte, die Lokale und andere Einrichtungen sind nachgebaut und illustrieren das Leben des letzten Jahrhunderts. Personal, in historische Kostüme aus der Zeit des Goldrausches gekleidet, empfängt den neugierigen Besucher. Musikalische Kostproben aus früheren Tagen sollen die nostalgische Stimmung ergänzen. Die historisierende Architektur und die Dampfeisenbahn, die zu Rundfahrten durchs Gelände zur Verfügung steht, helfen die richtige Stimmung zu erzeugen. So wird die eigene Geschichte dramatisiert und dadurch auch glorifiziert.

Südafrika ist vom europäischen Standpunkt aus gesehen ein Land mit einer relativ kurzen Geschichte. Daher wird, wie in allen Staaten, in denen Weiße leben, denen der Verweis auf ihre Tradition wichtig ist, die relativ kurze eigene Geschichte mit allem Aufwand aufgeputzt. Darüber schlecht zu reden wäre lächerlich. Einen Mitteleuropäer, der in einem Ambiente lebt, das im Laufe der Jahrhunderte entstanden und immer wieder ergänzt worden ist, berühren diese Versuche immer wieder ein wenig merkwürdig. In Südafrika wie in allen anderen Ländern auch, in denen die europäischen Einwanderer auf eine kurze historische Tradition zurückblicken können, ist ein

Hang zur Monumentalisierung der eigenen Geschichte auf Kosten der voreuropäischen Kulturen zu beobachten. Welches Volk präsentiert sich nicht in der Spiegelung der eigenen Geschichte als etwas besseres? Daß in Südafrika auch ganz andere Darstellungen der Geschichte vorhanden sind und diese ganz besonders in Johannesburg zu finden sind, sei an dieser Stelle angemerkt, genauere Berichterstattung folgt später.

In Gold Reef City wird nicht nur *Show* geboten, sondern auch Sachinformation. Anhand von Videovorführungen und geologischer Darstellungen wird die Goldgewinnung und die Lagerung des wertvollen Materials gezeigt. Der Besucher kann sich im alten *Shaft No. 14* überzeugen, wie goldhaltige Gesteinsadern aussehen. Auch das Goldschmelzen wird im Schmelzhaus gezeigt. Das Gießen der Barren wird demonstriert; diese etwa ziegelsteingroßen Prismen wiegen 25 kg. Manche versuchen, einen Barren mit einer Hand aufzuheben, um vielleicht das Gefühl genießen zu können, auf einmal einen Barren im Wert von sieben Millionen Schilling aufzuheben. Gold Reef City sorgt für Entertainement. In der bunten Mischung aus Sachinformation und Unterhaltung kommen soziale Fragen, ethnische Konflikte, Überlegungen zu dem Problem weiß und nichtweiß eigentlich nicht vor. Zu bestimmten Zeiten werden Tänze verschiedener ethnischer Gruppen aufgeführt. Sie sind exotischer Aufputz der *Show*.

Ist man öfter oder länger in Südafrika, wird einem anhand solcher Demonstrationen klar, was die Südafrikaner meinen, wenn sie sagen *„die land is ons land"*. Unser Land meint gewissermaßen alles zwischen Himmel und Hölle. Da gehören auch die Ethnien dazu, solange sie in farbenprächtigen Kostümen tanzen und ihre Körper malerisch glänzen, weil ihnen der Schweiß herunterrinnt. In einer merkwürdigen Weise wissen sie die Exotik zu schätzen, die aus ihrem Land kommt. Menschen anderer Hautfarbe als Bestandteil des Landes, doch nicht im Sinne gleichberechtigter Partner, sondern eher als Inventar.

Solche Bemerkungen verlangen alle Vorsicht des Beobachters. Weiß ist in solchen Fällen nicht weiß. Die Buren oder Afrikaaner, sie verstehen sich auch als Afrikas einziger weißer Stamm, unterscheiden sich deutlich von den Briten und den Nachfahren anderer weißer Einwanderer. Nur ein Afrikaaner wie P. W. Botha konnte daher in einer Rede stolz auf die dreihundertjährige burische Geschichte verweisen. In den Augen der Buren sind folglich die anderen Weißen Südafrikas nur Zuwanderer, welchen zumeist die Erfahrung des Zusammenlebens mit anderen Völkern völlig abgeht.

Am *Carlton Centre*, das sich wie ein umgedrehtes Ypsilon in den Himmel bohrt, gibt ein Deutscher, der als Geschäftsmann viele Jahre in Südafrika verbracht hat und mit Touristenkitsch handelt, bereitwillig Auskunft, nachdem ihn einige junge Reisende aus der Bundesrepublik Deutschland um seine Erfahrungen gebeten haben. Er zeigt auf eine Rauchwolke in der Ferne: „Das dort ist Soweto. Der Rauch entsteht durch das Verbrennen von Holz und sonstigem Dreck." Danach beginnt er über die Faulheit der Neger zu reden. „Die Neger brauchen täglich einen ordentlichen Tritt in den Arsch, dann funktionieren sie." Wer glaubt, mit demokratischem Herumgerede zum Ziel zu kommen, der sei schon von vornherein auf dem Holzweg. Nur die Apartheid garantiere die separate Entwicklung der einzelnen Ethnien.

Der Mann schnurrt in wenigen Minuten alles herunter, was für ihn sicherlich Argumente und für mich Phrasen sind. Er will von der Entwicklungsfähigkeit eines „Negers" nichts hören. Die „Weiber", die bei ihm den Dreck wegwischen, müsse man genauestens kontrollieren: „Alle stehlen wie die Raben." In Deutschland wäre so etwas unmöglich. Das Vertrauen, das man als Deutscher anderen Deutschen gegenüber haben könne, das könnte man hier „glatt vergessen".

Warum er dann ins südliche Afrika gegangen wäre, möchte ich wissen. Ich lasse mich auf keinen Streit ein, ich will seine Argumente hören.

In Europa ist doch schon alles überreglementiert. Machen Sie doch bei Ihnen zu Hause ein Geschäft auf und verkaufen Sie Souvenirs. Sie werden nicht einmal den Rolladen in die Höhe schieben, und schon haben Sie Schwierigkeiten, weil Sie wahrscheinlich keine Konzession haben. Aber hier, da gibt es noch das freie Unternehmertum. Hier lohnt sich noch die Risikobereitschaft. Das wird sich sicherlich ändern, wenn die in der Regierung schwach werden und dem schwarzen Mob die Hand geben. Weil die so gar nichts wissen und verstehen, lassen sich die doch alles von den Kommunisten einreden.

Ob nicht vielleicht die falsche Erziehung an der von meinem Gesprächspartner genannten Tatsache Schuld wäre, daß die Schwarzen allen Einflüsterungen der Kommunisten aufsitzen würden? „Nicht die Erziehung der Neger ist schlecht, sondern diese sind faul." Ein blödes Volk eben, das „die Knute braucht". Er sagt wirklich „die Knute braucht".

Am deutlichsten sähe man das an Soweto und nicht nur an dieser Township. Der Dreck, in dem die Neger lebten, die wahnsinnigen sanitären Verhältnisse, die Bluttaten untereinander, die Herumbumserei zwischen den einzelnen Bewohnern der Häuser. Beziehungen zwischen Vätern und Töchtern, Müttern und Söhnen, Brüdern und Schwestern seien doch an der Tagesordnung. Genüßlich breitet der Kaufmann die babylonischen Verhältnisse in Soweto aus. Die Neger hätten eben einen stärkeren Trieb. Die Europäer reden mehr über das Sexualleben, doch die Neger, die redeten weniger und bumsten mehr. „Was glauben Sie, warum sich AIDS so verbreitet?"

Das Thema der exorbitanten Sexualität der Schwarzen kommt immer wieder in Gesprächen vor. Das ist auch in anderen Gegenden so. Die Vitalität scheint derartig Angst zu machen, daß sie von jenen Weißen, die wenig oder überhaupt keinen Kontakt zu den Schwarzen haben, überstilisiert wird.

Das Zuviel an sexueller Kraft würde durch das Zuwenig an Gehirn mehr als kompensiert. Der aus Deutschland stammende Händler greift im Zuge seiner Jeremiade über die Nichtweißen auch auf die Politik über: Die Neger sind so beschränkt, daß sie nicht merkten, wie sie von den aus Moskau geleiteten Kommunisten gelenkt würden. Das Ziel der Verschwörung ist ein höriges Marionettenregime, das Südafrika den Fängen Moskaus ausliefern würde. Moskau will die Seeroute um das Kap beherrschen. Und nicht nur das. Moskau will direkten Zugriff auf die größten Lagerstätten der Welt von Gold, Platin, Manganerz, Vanadium und Flußspat. Auch die anderen Bodenschätze wie Silber, Zinn, Korund, Graphit und die zahlreichen Mineralien, die für die Waffentechnologie des Westens wichtig sind, sollten von Handlangern für Moskau verwaltet werden. Die Neger werden, wenn sie die Weißen und die wenigen Intelligenten, die sie haben, vertrieben oder vernichtet haben werden, in dem Land nichts mehr zu sagen haben. Hammer und Sichel werden dann entscheiden, welche Melodie hier gespielt wird. Und dabei schaut uns der Informant tief in die Augen: „Das wird ganz bestimmt keine südafrikanische sein".

Der Westen, da seien sich die Amerikaner und die Europäer in ärgerlicher Weise ähnlich, verstehe nicht, daß seine Freiheit ein bedeutendes Bollwerk gegen den Kommunismus habe, und das Bollwerk sei ein weißes Südafrika. Die Frage, ob man nicht auch dann ein Bollwerk gegen den Kommunismus sein könne, wenn die Schwarzen Zugang zur politischen Macht haben, wird mit zynischem Lächeln quittiert: Die Neger bringen sich gegenseitig um, wenn sie einen Vorteil daraus ziehen können. Wie sollten solche jemals mit Europäern auf gleicher Stufe verkehren können. Daß irgendwann einmal auch die Neger sich zu Menschen entwickeln können, soll nicht ausgeschlossen werden, doch vorläufig braucht man sich darüber nicht den Kopf zu zerbrechen.

Das Schmerzliche an solchen Konfrontationen ist Folgendes: Immer wieder trifft man als Reisender, der das Gespräch sucht, Menschen, die sich in derartigen Beschimpfungen ergehen. Wie soll zwischen dem berechtigten Anliegen der Nichtweißen und solchen Verbohrten, Verbissenen, Nichtkonsensfähigen ein Kompromiß geschlossen werden? Das Besondere an dieser Argumentation der Apartheidbefürworter ist, daß sie sich mit Halbwahrheiten, die ein in sich logisch konsistentes System bilden, und der Interpretation ausgewählter Beobachtungen (naiver Induktionismus) gegenüber jeder rationalen Kritik verschließt. Wenn sich solch ein Mensch darüber beschwert, daß Schlägereien extra für die Medien inszeniert worden sind, dann ist das nicht mit Sicherheit auszuschließen. Nur die heiße Story ist das Geld wert, das eine Sendeminute kostet. Leben sind für Fernsehanstalten billig. Warum soll in Südafrika nicht die eine oder andere Fernsehstation ein wenig nachgeholfen haben, um den richtigen Moment telegen einfangen zu können? Wer kann mit Sicherheit ausschließen, daß die Sowjetunion wirklich kein Interesse an den Bodenschätzen hat? Großmächte haben die Eigenschaft, ihren Einflußbereich zu vergrößern. Daß die Argumentation der Angst vor der Sowjetunion in Südafrika angesichts der Entspannungspolitik, wie sie von Gorbatschow betrieben wird, immer schwieriger zu verkaufen ist, mag richtig sein, doch in Südafrika gehen manche Uhren, wenn schon nicht anders, dann langsamer.

Wird man in ein Gespräch mit solch einem Verbohrten verwickelt, dann kann es leicht vorkommen, daß man zu hören bekommt, man wolle sich an der physischen Isolierung des Landes beteiligen. Südafrika sei eben ein Land, das mit besonderen Maßstäben zu messen sei, und weil die Welt die delikate Situation des Landes am Kap nicht verstehe, glaube sie, in Südafrika „das schlimmste Regime seit Nazi-Deutschland" ausmachen zu können. Da werde den Weißen ein Schuldkomplex angezüchtet, da werden „Gerechtigkeit", „Reformen" und „Versöhnung" gefordert, während die „Verbrecher vom ANC und wie die Gruppen alle heißen" lustig bomben. Da fehlt es auch nicht an Beschimpfungen gegenüber P.W. Botha, der ohnehin viel zu weit auf die Forderungen der Feinde Südafrikas eingehe, die ihn als Apostel Hitlers bezeichneten.

„Was haben wir davon, wenn wir nachgiebig sind?", fragt der deutsche Kaufmann. „Daß man uns, die das Land aufgebaut haben, so in den Arsch tritt wie die Belgier im Kongo. Südafrika wird nicht zum Kongo." Ich versuche dem Gespräch eine andere Wendung zu geben:

Wundert Sie wirklich der Vergleich Südafrika und Hitlerdeutschland? Werden nicht, selbstverständlich unter völlig anderen gesellschaftlichen Voraussetzungen, Menschen, die einer anderen Gruppe zugeordnet werden, diskriminiert? Ist nicht Südafrika das einzige Land der Welt, das rassische Unterschiede festsetzt?

Was heißt diskriminiert? Haben bei uns nicht die Juden eigene koschere Abteilungen in den Supermärkten? Den Juden geht es gut hier. Und den Negern wird auch überall geholfen. Eine Million weißer Steuerzahler, ein paar Mischlinge und ein paar Asiaten unterstützen elf Millionen Schwarze mit ihren Steuern. In Südafrika gibt es doch kaum einen Schwarzen, der Einkommenssteuer zahlt. Wir Weiße subventionieren die medizinische Betreuung, die Schulen, die Transportmittel und das Behausungsprogramm der Neger. Wer beutet da wen aus?

Unvermittelt steht man als Fragender an einer Mauer. Denn sofort dreht sich das Gespräch wieder zurück zur exorbitanten Sexualität der Schwarzen und weiter zur Faulheit und zur unverrückbaren Tatsache, daß Schwarze ohne den weißen Lehrmeister nicht lebensfähig sind.

Das Gespräch wird von mit mir befreundeten Coloured verfolgt, die mich schon in Europa besucht haben. Sie sind keine Revolutionäre, sondern wollen nur menschenwürdig in ihrem Heimatland leben. Sie fühlen sich durch die Äußerungen des Deutschen tief verletzt und meinen: „Eigentlich gehört der sofort aus Südafrika hinausgejagt." Sie sind nicht nur deshalb so tief verletzt, weil man ihnen die Entwicklungsfähigkeit abgesprochen hat, sondern weil sie sich als Nachfahren der ursprünglichen Bevölkerung von einem zugereisten Glücksritter bevormunden lassen müssen. In der Darstellung ihres Unbehagens fällt ein bezeichnender Satz: „Ich habe zwar nichts übrig für den ANC, doch angesichts solcher Weißer möchte ich mir wünschen, der ANC übernimmt morgen die Macht und gibt dem ‚Bastard' eine Lehre."

Zufälligerweise findet dieses Gespräch im *Carlton Centre* statt. Zahlreiche ähnliche sollen noch folgen. Das *Carlton Centre* ist ein architektonisches Bauwerk der Superlative. Es ist das zweithöchste Stahlbetongebäude der Welt und soll nach den Pyramiden der höchste Bau Afrikas sein. In einem fünfzigstöckigen Hotelkomplex sind über 600 Zimmer und 57 Suiten untergebracht, an die zweihundert Geschäfte laden ein, die gehobenen Konsumwünsche zu befriedigen; auf vier Etagen gibt es Parkmöglichkeit für 2.000 Autos. Der 1973 fertiggestellte Komplex bedeckt 2,6 Hektar Fläche und verschlang bei seiner Errichtung 88 Millionen Rand. Täglich besuchen mehr als 35.000 Menschen das Centre.

In diesem Gebäude der architektonischen, finanziellen und ästhetischen Superlative fand ein Gespräch statt, wie ich es nicht anders in einer abgelegenen Farm hätte führen können. Dort ließe sich die Abgeschiedenheit von der großen Welt als Entschuldigung anführen, Veränderungen im Bewußtsein brauchen eben lang, wenn keine Kommunikation mit Andersmeinenden gesucht wird. Einige Tage später wurde diese Erfahrung noch verstärkt durch eine Begegnung mit einer schwarzen Frau im *Carlton Centre*, die den gegebenen Zustand Südafrikas nicht nur billigte, sondern auch jede Veränderung als schlecht hinstellte: „Wir Schwarzen können das Land nicht führen. Wir brauchen die Weißen." Auch solche Menschen sind in Südafrika keine Seltenheit. Die Internalisierung der Inferiorität der Nichtweißen den Weißen gegenüber ist ein furchtbares Produkt des Konzepts der getrennten Entwicklung der einzelnen Völker.

Nadine Gordimer charakterisiert in ihrem Roman *July's Leute* das Gefühl der Inferiorität in einem einzelnen Satz, in dem sie eine alte Frau sagen läßt: „Weiße Leute. Sie sind sehr mächtig, mein Sohn. Sie sind sehr klug. Du wirst nie fertigbringen, was sie können." So eine Einstellung schreibt das Diener-Herrenverhältnis nahezu unverrückbar fest. Die schwarze Frau, im *Carlton Centre* als Verkäuferin in einem Laden beschäftigt, der von schönen Mineralien bis zu Fellen und Touristenschmarren alles verkauft, was als *Curio* bezeichnet wird, ist eine hübsche, junge Erscheinung. Eine *black beauty*. In ihrer Kleidung und Haartracht hat sie sich nicht dem europäischen Schönheitsideal gebeugt. Die kunstvoll geflochtenen Zöpfchen, die das Kraushaar besonders unterstreichen, die weißen Ohrgehänge, die die Dunkelheit der Haut auffallend erscheinen lassen, sind beeindruckend. Umso überraschender ihr unverblümtes Einverständnis mit den gegebenen Verhältnissen : „Wir brauchen die Weißen. Schwarze können das Land nicht führen." Auf meine sanft drängende Frage, ob denn politische Mitbestimmung wirklich auf bestimmte Hautfarben beschränkt sein sollte, antwortet sie mit einem unschuldigen Augenaufschlag: „Es ist schon so viel Blut sinnlos geflossen. Wir brauchen keinen Terror, wir brauchen eine ruhige Entwicklung."

Ein wenig ratlos, weil ich derartig mißverstanden worden bin, ich habe doch nicht aufgefordert zum Bombenwerfen, wende ich ein, daß selbstverständlich auch ich nichts vom Terrorismus halte, auch dann nicht, wenn er mit Notwehr begründet wird, sagt das schwarze Mädchen: „Ich habe einen guten Job. Politik sollen die betreiben, die mehr davon verstehen. Das sind die Weißen. Wir Schwarze leben gut, wenn wir ihnen folgen. Es gibt kein Land in Afrika, in dem Schwarze so gut leben wie hier."

Auch in diesem Gespräch ist eine Mauer erreicht: Die junge Frau glaubt wirklich, was sie sagt, oder sie gibt vor zufrieden zu sein, weil sie mich für einen Spitzel oder einen weißen Scharfmacher hält. Eher neige ich der ersten Annahme zu: Sie sagt, was sie meint. In Südafrika, nicht nur in Johannesburg, sind Nichtweiße nicht selten, die von Politik nichts hören und sehen wollen. Diese Menschen wollen höheren Lebensstandard, wollen Fernsehen, Essen, halbwegs eingerichtet sein, eine bestimmte Auswahl an Kleidung haben, vielleicht noch ein gutes Auto, ansonsten wollen sie nichts.

Das ist auch genau der Punkt, vor dem sich manch militanter Apartheidgegner fürchtet: Vermag das jetzige Regime einen besitzenden Mittelstand auf breiter Basis unter den Nichtweißen in kurzer Zeit zu etablieren, dann sind die revolutionären Träume vorbei.

Offiziell ist Johannesburg weiß und die dazugehörige Schlafstadt oder Schwesternstadt Soweto schwarz. Vorschriften auf dem Papier sind eine Sache, das Leben ist eine ganz andere. Die Schwarzen sind nicht nur als Arbeitskräfte für Johannesburg unentbehrlich, sondern auch als Konsumenten. Vielen, denen das Pendeln zwischen-

Soweto und Johannesburg nicht behagt, haben sich in Johannesburg niedergelassen. Das widerspricht zwar dem *Group Areas Act*, der jede Region ganz bestimmten Hautfarben zuteilt, doch das Leben der Menschen schafft ununterbrochen Tatsachen.

Einen Teil der Bevölkerung schlicht und einfach als „weiß“ zu bezeichnen, ist nur möglich, weil Unterschiede nicht für wahr gehalten werden. Abgesehen vom großen Unterschied zwischen Buren oder Afrikaanern und Engländern, über deren gemeinsame Geschichte noch zu reden sein wird, gibt es Einwanderer aus Südeuropa, die vorwiegend im Stadtzentrum und in den angrenzenden Wohnvierteln leben. Neben dieser Unterscheidung muß noch die soziale Schichtung berücksichtigt werden. Im Süden und Westen von Johannesburg leben Weiße, die in Europa der Arbeiterschicht zugerechnet werden würden. Auf Grund ihrer Hautfarbe und ihrer Stellung in den Betrieben, als Aufsichtspersonal der schwarzen Arbeiter, rücken sie in den Augen der Schwarzen in den Mittelstand vor. Sie sind das, was man soziologisch als Kleinbourgeoisie bezeichnet und fürchten sich daher besonders vor jeglicher Veränderung, die ihre Privilegien gefährden könnte.

Haben sie jahrelang von dem Privileg der weißen Hautfarbe profitiert, indem ihnen bestimmte Arbeiten vorbehalten waren, müssen sie heute sehen, daß ihre Sonderstellung ausgehöhlt wird. Sie müssen erkennen, daß ihre Arbeitskraft zum Teil durch Maschinen, zum Teil durch besser klassifizierte schwarze Arbeiter ersetzt wird.

Im Gespräch mit Weißen, die ihren Arbeitsplatz verloren haben, weil ein Schwarzer ihren Posten eingenommen hat, lassen sich rassistische Töne hören, die ihresgleichen suchen. Da werden plötzlich Träume laut von einem eigenen weißen Homeland, in dem Schwarze überhaupt nichts zu suchen hätten. „Wir bräuchten ein eigenes weißes Land, in dem wir in Ruhe leben können. Kaffer dürfen sich nicht einmal als Klofrauen niederlassen."

Am nördlichen Stadtrand von Johannesburg, nach dem Universitätsgelände von Witwatersrand, beginnt die eigentlich heile Welt der Weißen. Da hat die durchschnittliche Familie mehrere Autos, gehört der Swimmingpool zur Standardausstattung, sind die freundlich lächelnden Schwarzen in der Ausformung von Zulu, Xhosa, Tswana und Sotho ein Teil des Inventars. Direkt proportional zur Entfernung vom Stadtzentrum werden die Villen immer prächtiger. Vielleicht aber sind diese Villen auch eher als selbstgebaute, üppig ausgestattete „goldene" Käfige zu sehen? Schmiedeeiserne Gitter vor den Fenstern, mächtige Zäune, aufwendige Alarmanlagen (angeblich direkt mit dem Polizeirevier verbunden), scharfe Hunde (angeblich besonders scharf auf Schwarze abgerichtet) lassen die Angst, von unliebsamen Besuchern heimgesucht zu werden, erahnen. Angst vor Dieben, vor Räubern, vor Vergewaltigern. Diese Angst ist der Preis für die Privilegien, mit deren Hilfe jene Unterschiede festgeschrieben werden, die zwischen Herren und Knechten bestehen. Diese Schutzeinrichtungen sind ein sichtbares Zeichen der Apartheid, die am Beginn der europäischen Einwanderung noch nicht das Verhältnis zwischen den verschiedenen Bevölkerungsgruppen bestimmte. Das Auseinanderdividieren der einzelnen Ethnien aus Gründen der Staatsräson macht Angst. Alan Paton hat dazu in seinem Roman *Cry, The Beloved Country*, Prophetisches geschrieben:

Zweifelt nicht an der Angst in diesem Land ... Wir werden von einem zum anderen Tag leben, und wir werden immer mehr Schlösser an unseren Türen anbringen und einen schönen Hund anschaffen, wenn die schöne scharfe Hündin nebenan Junge hat, und wir werden unsere Handtaschen noch fester an uns drücken; aber die Schönheit der Bäume in der Nacht, die Ekstase Liebender unter den Sternen, all das werden wir hinter uns lassen ... Unser Leben wird zusammenschrumpfen, aber dafür wird es das Leben überlegener Lebewesen sein.

Die Angst vor den anderen richtet sich letztlich gegen die Erzeuger dieser Ängste. In diesem Zusammenhang ist eine Studie besonders interessant: P. Lambley, klinischer Psychologe, untersuchte mit dem klassischen Rohrschach-Test, englische, burische und farbige Krankenschwestern.

... die Rohrschach-Profile dieser burischen Krankenschwestern waren, verglichen mit den Profilen aus anderen Teilen der Erde, nicht normal. Obwohl alle Probandinnen Erwachsene waren, entsprachen ihre Persönlichkeitsprofile nicht den Ergebnissen bei voll funktionstüchtigen normalen Erwachsenen. Es zeigten sich so wenige Ängste und Konflikte, daß von einem pathologisch niedrigen Funktionsniveau zu sprechen ist. Die meisten normalen Menschen brauchen bis zu einem gewissen Grad Konflikte und Spannungen in ihrem Leben, um Frustrationen aufzubauen, an denen sie zum Beispiel Toleranz und Beharrlichkeit lernen können. So wird die Grundlage einer Persönlichkeit gelegt, die den Anforderungen der Realität – und nicht etwa einer künstlichen Realität, wie sie Kindern begegnet – gewachsen ist. Die untersuchten burischen Frauen zeigten keine Kreativität, Energie oder Anzeichen von Nonkonformismus – also keinerlei Hinweis darauf, daß sie über die Grenzen der Erwartungen, die ihnen von ihren Gruppen vorgegeben wurden, hinaus dachten, handelten oder fühlten.

Welche psychische Arbeit ist notwendig, um Ängste derartig zu verdrängen und gleichzeitig seiner Umgebung gegenüber ein Schutzbedürfnis zu entwickeln, das im diametralen Gegensatz zur psychischen Verfassung zu stehen scheint? Tatsächlich stehen vor unzähligen Geschäften, nicht nur Banken und Juwelieren, Schwerbewaffnete, die Handtaschen durchwühlen, um nachzusehen, ob nicht Waffen getragen werden. Auch Durchleuchtungen von Taschen wie auf Flughäfen ist üblich. Manche

Geschäfte öffnen nur auf ein Klingelzeichen, nachdem sich der Türwart überzeugt hat, daß der Einlaß Begehrende eher einem Kunden als einem Räuber gleicht.

Das Verheerende an dieser permanenten Unterdrükkung der Angst sind die Folgen. Läßt sich das Sicherheitsbedürfnis noch ins Humoristische ziehen oder ins Zynische, wie es Tom Sharpe in seinem Roman *Tohuwabohu* macht, in dem er die Zustände von Pietermaritzburg (im Roman *Piemburg* genannt) als Modell verwendet und einen Patienten einer Irrenanstalt sagen läßt:

> Es schien ... überhaupt keinen bedeutsamen Unterschied zwischen dem Leben in der Nervenklinik und dem Leben in Südafrika als Ganzem zu geben. Schwarze Irre machten alle Arbeit, während weiße Irre faul rumlagen und sich für den lieben Gott hielten!,

so ist die Auswirkung auf das tägliche Leben hart, zumal selbst die Geschichte zurechtgebogen wird, um die Gegenwart und die zukünftige Entwicklung zu beeinflussen: Die Möglichkeit des friedlichen Zusammenlebens verschiedener Rassen in Südafrika wird geleugnet, die Vermischung abgestritten, obwohl an die drei Millionen Coloured (also an die zehn Prozent der Gesamtbevölkerung) deutliche Beweise für die intimen Beziehungen darstellen; ein weißes Südafrika wird heraufbeschworen, das sich seiner multikulturellen Wurzeln in merkwürdiger Weise zu schämen scheint; nicht sichtbar in den Reiseprospekten „Entdecken Sie unsere Welt in einem Land", wo Weltenbummlern eine normale Entwicklung vorgegaukelt wird. Das Bild, das Ansichtskarten und Prospekte von der Bevölkerungsstruktur vermitteln, ist falsch. Auf den Postkarten, die von allen Landesteilen in Hülle und Fülle verkauft werden, sind fast ausschließlich Weiße abgebildet. Besucht man den dargestellten Platz, sitzt dort kein einziger Weißer, sondern nur Schwarze. Angestachelt durch solche Beobachtungen, beginnt man die Reiseprospekte durchzublättern und muß dasselbe Phänomen feststellen: Auf den Bildern werden die Schwarzen und die Coloured so weit es geht weggelassen. Daß ein Zulu-Häuptling in traditionellem Aufputz schwarz sein muß und er nicht ersetzt wird, versteht sich, aber Ansichten von den Drakenbergen, auf denen Menschen fröhlich wandern, zieren nur Weiße, Blicke in Fußgängerzonen zeigen nur Weiße, oder Nichtweiße ganz unscheinbar.

Diese Ansichtskarten sind gleichsam ein Symbol für den Versuch der Herstellung rassischer Reinheit. Die durchmischte Stadt Johannesburg sollte lange Zeit in rassisch reine Enklaven gegliedert werden. Das geschah am einfachsten durch Sanierung eines Viertels. Die Mieten wurden zu hoch, die Menschen zogen weiter und bevorzugten jene Gebiete, die neben großen, dicht gedrängten Wohnblocks von der Infrastruktur alles bieten, was zum erträglichen Stadtleben gehört. Außerdem sind dort die Mieten erschwinglich. Durch diese Sanierung von Vierteln in der Nähe des Stadtzentrums wurden meist Coloured und Inder, die lange Zeit dort gelebt haben, vertrieben. Es entstanden *grey areas* (graue Zonen, Bezirke), die zwar offiziell weiß sind, doch eine Situation des Zusammenlebens schaffen, wie sie nicht vorgesehen ist.

Eines der bekanntesten Viertel dieser Art ist Hillbrow. In seiner Vitalität könnte es für zukünftige Entwicklungen Modellcharakter haben. Zahlreiche kleine Läden, die ein breites Sortiment an Waren anbieten, laden ein, die unterschiedlichen Geschmäcker zu befriedigen. Es gibt Fleischer, die *Biltong* zum Verkauf anbieten, luftgetrocknetes Fleisch wie es die *San*, oder wie man früher sagte, die *Buschmänner* zubereiteten. Es gibt Geschäfte, die griechische Spezialitäten führen; aber auch Fleischer, deren Waren *koscher* oder *halal* sind, haben sich dort niedergelassen. Zahlreiche Kaffeehäuser, Diskotheken, Restaurants mit französischen, italienischen, indischen, chinesischen Spezialitäten, Fastfoodbuden in allen Größen, Kinos, kurz alles, was man sich in einer internationalen Stadt wünscht, steht zur Verfügung.

Selbstverständlich fehlt auch der Transvestitenstrich nicht. Angesichts der puritanischen Einstellung vieler Weißer stellt sich die Frage, ob diese Erscheinung nicht eine Abschiebung von Randgruppen darstellt. Für die Prostitution scheint der Gegensatz Weiß und Nichtweiß aufgehoben: Mädchen aller Hautfarben stehen für Kunden aller Hautfarben zur Verfügung. Am Strich ist die Apartheid abgeschafft. Wegen der Gesetze ist das Gunstgewerbe kosmetisch kaschiert: Hostessenagenturen bieten Dienste an. Die Gestaltung der Etablissements läßt jedoch an der Eindeutigkeit der Dienste keinen Zweifel.

Die langen Öffnungszeiten der Geschäfte vermitteln den Eindruck, die Stadt komme eigentlich nie zur Ruhe.

In grauen Zonen wie in Hillbrow leben auch gemischte Paare miteinander. Menschen verschiedener Herkunft können dort und nur dort ein Leben miteinander versuchen.

Gemischte Paare gelten im allgemeinen als Außenseiter der Gesellschaft. Das Mischehenverbot aus dem Jahr 1949 sowie der Artikel 16 des Unsittlichkeitsgesetzes aus dem Jahr 1957 hatten die Heirat zwischen Weißen und Nichtweißen innerhalb Südafrikas verboten, die im Ausland geschlossenen Ehen waren als „illegal“ erklärt worden. Dieses Gesetz bedeutete eine Einschränkung auch für den weißen Bevölkerungsanteil, der sich damit in einen Käfig setzte. Die Erhaltung einer „reinen weißen Rasse“ war das erklärte Ziel, das jedoch angesichts der intensiven sexuellen interethnischen Kontakte während der letzten Jahrhunderte, ein Widerspruch in sich ist.

Wissenschaftlichen Untersuchungen zufolge ist der „nichtweiße“ Anteil an den Genen der Buren oder Afrikaaner immerhin mit sieben Prozent anzunehmen. Das bedeutet im Klartext: Keiner der Buren kann von sich behaupten, er hätte keine Coloured-Verwandten.

Süffisant erzählen daher Coloured von Begegnungen mit Weißen, die auf denselben Familiennamen wie sie hören. Die Nachkommen der Khoi und der San, die sich mit den europäischen Einwanderern vermischt haben, tragen zumeist europäische Familiennamen: Smith, Brown, Conally, Moon, also Namen, wie sie europäischer gar nicht sein könnten.

In unseren Breiten gibt es die besondere Neugier, wenn einander zwei Menschen mit denselben Familiennamen treffen, herauszufinden, ob der Gesprächspartner mit einem verwandt ist. Das ist auch in Südafrika so. Treffen einander nun Angehörige von verschiedenen „Rassen“, beispielsweise ein Weißer und ein Coloured, zeigt sich im Gespräch, daß die Vorfahren von beiden aus derselben Stadt stammen und der Weiße Gefahr läuft, erkennen zu müssen, daß sein Gegenüber ein Blutsverwandter ist, dann schwindet plötzlich das Interesse des Weißen an einer Fortsetzung des Dialogs. Welcher Weiße kann und will es sich im Apartheidsstaat schon leisten, daß zur eigenen Familie auch ethnisch Fremde gehören? Zum allgemeinen Wissensbestand gehört es ohnehin. Vor einigen Jahren machten sich daher auch oppositionelle Zeitungen den Spaß, ununterbrochen die Familienverhältnisse ausgerechnet von jenen Politikern hinsichtlich der nichtweißen Anteile zu durchleuchten, die es mit der Reinhaltung der eigenen Rasse gar so ernst nehmen.

Solche Informationen muß man haben, um die Bedeutung von grauen oder offenen Zonen zu verstehen. Ohne genaue Kenntnis der Entstehung des *Immorality Acts* vermag ein Außenstehender nicht zu begreifen, daß er durch seine bloße Anwesenheit in Südafrika bereits zum Teil eines schwierigen Problems wird.

Nicht erst seit dem Jahr 1957, mit dem Erlaß des Unsittlichkeitsgesetzes, war in die Beziehungen zwischen „Weiß" und „Nichtweiß" eingegriffen worden. Schon seit 1927, das ist lange vor der Machtergreifung der Nationalen Partei der Buren oder Afrikaaner (1948) waren Ehebrüche zwischen „Weißen" und „Nichtweißen" strafbar. 1950 wurden die Bestimmungen noch schärfer: Der Geschlechtsverkehr zwischen „Weißen" und „Nichtweißen", zwischen „Europäern" und „Nichteuropäern" wurde überhaupt verboten. Die Regelung des intimen Verkehrs betraf eigentlich stets eine Minderheit. Vier Millionen der einen Gruppe durften nicht in die Betten der dreißig Millionen anderen und umgekehrt.

Das Leid, das über zahlreiche Ehen, Familien und Menschen gebracht wurde, ist eigentlich gar nicht beschreibbar, die Dunkelziffer der Gesetzesbrecher nicht erhebbar. Daß zwischen 1950 und 1960 mehr als 6.000 Anklagen und mehr als 3.000 Verurteilungen auf Grund der Gesetze vorgenommen wurden, mag genügen.

Jahrelang wurde über die Abschaffung der „Sexgesetze", wie die Bestimmungen im Volksmund genannt werden, diskutiert. Noch im Jahr 1983, als bereits ein parlamentarischer Untersuchungsausschuß beriet, wie aus der delikaten Situation herauszukommen sei, wurden 126 Menschen eines „Sexualverbrechens" nach Artikel 16 des *Immorality Acts* überführt und selbstverständlich zur Verantwortung gezogen.

Den Irrsinn der gesetzlichen Regelung veranschaulicht am besten die kirchliche Praxis der nichtreformierten christlichen Kirchen, die seit 1949 illegale Mischehen in aller Heimlichkeit und Stille getraut haben. Ein katholischer Pfarrer in Kapstadt stand lange vor Abschaffung der Sexgesetze auf dem Standpunkt: „Das Sakrament der Ehe spenden die Partner einander, und die Kirche hat die Pflicht, dabei Zeuge zu sein." Als nichtreformierter

Christ, der ein gottgefälliges Leben führen wollte, befand man sich plötzlich in der Lage, trotz des Segens der Kirche illegal verheiratet zu sein, weil die Apartheidskonzeption, die auch christlich begründet wurde und wird, eine Liebe zwischen diesen beiden Menschen nicht wünschte.

Die Katastrophe war für die Kinder mindestens so groß wie für die Eltern: Wo sollte die Familie leben? Im Rassengebiet der Mutter oder des Vaters, wo einer stets gegen den *Group Area Act* verstieß, also permanent straffällig wurde? Oder sollte man Zuflucht suchen in einer der grauen Zonen wie eben Hillbrow oder Mayfair in Johannesburg oder Seapoint in Kapstadt? Welches Gefühl muß es sein, stets mit der Ungewißheit zu leben, daß sich eines Tages doch die Scharfmacher durchsetzen, die eine Abschaffung der grauen Zonen fordern und damit neues Unglück über die Familie bringen?

Noch im Jahr 1989 zeigte der Wahlkampf, daß die Auseinandersetzung noch immer geführt wird: „*Reject open areas!*" stand auf vielen Plakaten in Englisch, Afrikaans und Portugiesisch. Die Konservative Partei (CP) versuchte in ihrem Wahlkampf ganz deutlich Portugiesen, die Angola und Mozambique verlassen hatten, für ihr Programm zu gewinnen. Dazu gehörte einerseits die Behauptung, die Aufgabe der Kolonien durch die Portugiesen ist Verrat an der europäischen Idee, und dazu gehörte andererseits das Schreckgespenst der Unterwanderung durch die Nichtweißen.

Damit fischte der Pastor der niederdeutsch reformierten Kirche (NKG) Andries Treurnicht nach Stimmen der Katholiken (die meisten Portugiesen gehören zu den nichtreformierten Christen). Die CP wurde 1982 als Protest gegen die Politik der Veränderung, die P.W. Botha anstrebte, gegründet. Das Ziel von Dr. Andries Treurnicht ist eine Gesetzgebung, die sich verstärkt dem Gedanken der Apartheid verpflichtet und alle Reformen umgehend zurücknimmt. Jede Rasse oder Nation sollte eine eigene Region haben mit einer Rechtsprechung, die auf die Bedürfnisse der bestimmten Bevölkerungsgruppe besonders zugeschnitten sei. Den Indern soll ein Teil von Natal gehören, den Coloured ein Teil der Kapprovinz, auch den schwarzen „Nationen" sollen eigene Territorien zur Verfügung stehen. Die CP wünscht sich eine freie Wirtschaft, nur sollen in einer spezifischen Region spezielle Schutzmaßnahmen für Weiße gelten, um sie vor der nichtweißen Konkurrenz zu schützen.

Dieser Andries Treurnicht – um eine Vorstellung der Größe seiner Anhängerschar zu vermitteln, sei festgehalten, daß die Zeitung der CP, *Patriot*, 17.000 Abonnenten zählt – hat sich auch zu Fragen der „Rassenschande" geäußert. Für ihn war die Aufhebung der Sexgesetze (1984) eine Schandtat. Die Begründung läßt aufhorchen: „Die Botschaft der Heiligen Schrift in bezug auf das Leben der Völker ist, daß die Vielfalt der Völker mit Gottes Führung der Menschheitsgeschichte direkt zusammenhängt." Zur Untermauerung zitiert Treurnicht das 5. Buch Moses, 32,8: „Da der Allerhöchste die Völker zerteilte und zerstreute der Menschen Kinder, da setzte er die Grenzen der Völker nach der Zahl der Kinder Israel."

Für europäische Ohren mag die Begründung ein wenig merkwürdig klingen. Um sie wirklich zu verstehen, sollen einige Worte zum afrikaanischen (burischen) Selbstverständnis im religiösen Sinn gesagt werden:

Die burische Mentalität wurde durch die Einsamkeit des Treckens geprägt. Menschen waren unterwegs durch relativ einsame Gebiete, nicht begleitet von ausgebildeten Theologen, sondern angewiesen auf das Selbststudium der Bibel. Besonders im alten Testament werden Paralellen zur gegebenen Situation gefunden. So wie das auserwählte Volk Gottes ist man selbst unterwegs nach einem gelobten Land. Feinde hat man hinter sich gelassen, feindliche Völkerschaften bedrohen die Existenz.

Im Alten Testament wird der Begriff der Auserwählung betont. Der orthodoxe Calvinismus hat keine Schwierigkeiten, die Auserwählung aufzunehmen. Auserwählt werden können einzelne, aber auch ein ganzes Volk. Auserwählt werden, „bei ihrem Namen gerufen" werden: Das ist die Vorstellung, die auch etwas zu tun hat mit der „Prädestination". In der Prädestination sind zwei Komponenten beschreibbar. Die eine ist die „vorzeitliche Prädestination". Das bedeutet: Alles, auch die Schöpfung, ist von vornherein festgelegt. So eine Überlegung ist eine Absage an die Entwicklung. Ist für den Katholiken zwischen Altem und Neuem Testament oder Altem und Neuem Bund ein Qualitätssprung auszumachen, so ist für den Anhänger der vorzeitlichen Prädestination ein Kontinuum festzustellen. Altes und Neues Testament sind nur als zeitliche Abfolge des prädestinierten Heils zu sehen.

Die zweite Komponente ist die „doppelte Prädestination". In ihr wird ein komplexes Gebäude von zwei Prinzipien festgelegt: Der „Gnadenwahl" Gottes steht die „Zornwahl" gegenüber. Polanus (1561–1610), der in Basel lehrte, formulierte, daß Gott in einem vorzeitlichen Entschluß alle diejenigen erwählt habe, die er Christus zur Gewinnung des ewigen Lebens übergeben habe, die anderen, die restlichen aber habe er nach seinem „freyen, allerheiligsten, gerechtesten und unerforschlichen Willen" verworfen.

Calvin selbst meinte, daß Auserwählung feststellbar sei durch „begleitende Zeichen, nämlich die Gottesfurcht im Herzen und die Gemeinschaft der Kirche, die sich um das Wort und das Abendmahl schart." Die Buren waren angesichts der Eindrücke, die sie während ihrer Trecks und ihrer Arbeit im und am Land gewannen, überzeugt, daß solche Zeichen der „Auserwählung" durch „Prädestination" sichtbar seien. Sie waren die Auserwählten, und die Menschen des Kontinents, die durch ihre barbarischen und sündigen Sitten und Gebräuche, durch die Hautfarbe und vor allem durch das Nacktgehen den guten Gewohnheiten widersprachen, zählten zu den „Verworfenen".

Der südafrikanische Autor Athol Fugard läßt in seinem Stück *Botschaft von Aloen* das Mädchen Gladys beim Erzählen über einen Sonnenbrand die Angst vor der dunklen Haut darstellen:

> ... Gleich am ersten Tag, am Strand zuviel Sonne erwischt, und damit hatte es sich schon. Meine Mutter tupfte mir den ganzen Körper mit Sonnenmilch ab, gegen die Schmerzen. Ich seh mich noch im Spiegel vor mir ... ein ängstliches, kleines, weißes Gespenst. Mammi hatte schreckliche Angst, daß mir am Ende eine braune Haut bleiben würde. Aber die ganze Aufregung war umsonst. Die Haut pellte sich, und ich sah wieder aus wie vorher.

Die Teilung der Menschheit nach Hautfarben ist bei Konservativen derartig tief ins Bewußtsein gegraben, daß jede Annäherung massiv abgelehnt wird. Die Ablehnung kann so weit gehen, daß Ängste entstehen.

Daß angesichts solcher Teilung der Menschen in zwei Gruppen gemäß einer prädestinierten Schöpfungsordnung die Apartheid vorweggenommen wurde, lange bevor der Begriff überhaupt existierte, versteht sich von selbst. Zwar wird sich heute in Südafrika kaum ein Konservativer oder, um in der gegenwärtigen politischen Sprache des Landes zu bleiben, ein „Verkrampter" zu den traditionellen Grundsätzen des calvinistischen Verständnisses bekennen, doch es scheint, als würde die Lehre der vergangenen Tage wie ein Licht auf die Gegenwart fallen und jede Erscheinung der Gesellschaft und des Lebens abfärben.

Bei solchen Überlegungen erscheint es zweifelhaft, daß mit der Aufhebung des *Immorality Acts* tatsächlich ein größerer Brocken der Apartheid abgeschafft worden ist, auch wenn P.W. Botha seine Landsleute darauf hinweisen kann, „daß auch Moses eine Mischehe eingegangen ist." Denn Botha wußte ganz genau, daß das Herauslösen von fundamentalen Bestimmungen der Apartheid, das ganze Gebäude umgehend zum Einsturz bringt. Da verwandelt sich das Gebäude in eine Lawine, die aus der Ordnung – auch wenn man Apartheid nicht will, ist sie dennoch eine Form der Ordnung – zumindest einen Übergang der Unsicherheit schafft, ehe sich eine neue Ordnung etabliert.

Es ist daher auch nicht weiter verwunderlich, daß die Reaktion der Schwarzen auf die Abschaffung der Sexgesetze nicht überschwenglich war. Von einem „Sturm in der Teetasse" sprach Friedensnobelpreisträger Bischof Desmond Tutu. Die Schwarzen wollten ganz andere, viel fundamentalere Rechte. Die Kirche sei nicht an der Verbesserung der „schlechten, unmoralischen und unchristlichen Apartheid" interessiert, sondern an deren Abschaffung. Für einen Verkrampten haben die Begriffe „schlecht, unmoralisch und unchristlich" eine ganz andere Bedeutung. Die Forderung nach Pluralismus ist für einen Verkrampten schlicht und einfach unchristlich und unmoralisch.

Da zeigt sich das Dilemma der Verhandlung: Worüber sollen zwei so unterschiedliche Verhandlungspartner reden?

Die Tageszeitung *Soweto*, deren Zielgruppe die schwarzen Bürger von Soweto sind, zitierte den UDF (*United Democratic Front*)-Informationssekretär Lekota:

> Die sexuelle Freiheit ist keine wichtige Frage in Südafrika, und gerade deshalb haben die Nationalen sie ausgewählt. Worauf es ankommt und was abgeschafft werden muß, das sind jene Gesetze, die der Mehrheit der Menschen in Südafrika politische, Wohn- und Arbeitsrechte und vor allem das Staatsbürgerrecht verweigern.

Für Jan van der Merwe, Sprecher der *Progressive Federal Party* (PFP), die sich für gleiche Staatsbürgerschaft für alle in Südafrika lebenden Menschen einsetzt und die das Recht der Menschen auf eigene sprachliche und kulturelle Identität fordert, nannte die Abschaffung der Sexgesetze „nur einen kleinen Schritt auf dem langen und beschwerlichen Weg zu rassischer Harmonie."

Was den einen viel zu wenig ist, anderen hingegen bei weitem zu viel an Veränderung bedeutet, ist manchen ein Schritt in die richtige Richtung. Angesichts der zahlreichen ungelösten Probleme mag es nicht sonderlich wichtig erscheinen, ob „gemischt" geheiratet werden darf. Angesichts der Schwierigkeiten einzelner Menschen mit Gesetzen, die ihren Intimbereich zu regeln suchen, meine ich, daß eine Legalisierung der Mischehen zweifellos ein bedeutsames Signal ist. Menschen, die miteinander Kinder haben, lernen zwangsläufig einander besser kennen, und das Nichtkennen der anderen ist eines der größten Probleme in Südafrika.

Zu bedenken bleibt aber auch, daß durch die Mischehe eines oder einer Weißen mit einer oder einem Coloured, beide den Status von Coloured erhalten, auch die Kinder sind Coloured. Die Mischung Schwarz und Weiß oder Schwarz und Coloured macht alle Betroffenen zu Schwarzen. Man kann sich umklassifizieren lassen, wenn man meint, in der Ahnenreihe eine genügend große Anzahl an Personen vorweisen zu können, die eine solche Umklassifizierung rechtfertigen könnten. In solchen Verfahren haben die Bürokraten viel zu reden und zu forschen. Die Umklassifizierung ist daher mit einer ungeheuren Leiderfahrung verbunden.

In grauen Zonen können gemischte Paare leben. Ein Leben zwischen den vom Staat verordneten ethnischen Klassifizierungen. Häufig sagen Coloured, daß sie am liebsten das Land verlassen möchten. Sie hätten genug von dem Schwachsinn, von dem Humbug, immer und überall nachdenken zu müssen, ob sie nun durch ihre Hautfarbe besser oder schlechter dastünden. Sind sie schlechtere Weiße oder bessere Schwarze oder sind sie ganz einfach Schwarze, weil sie von der politischen Macht mehr ausgeschlossen wären als sie an Veränderungen mitbestimmen könnten.

Es ist erschütternd zu beobachten, wie viele ihre Zukunftspläne schmieden, die ein neues Leben in England, den Vereinigten Staaten oder in Europa vorsehen. Sprechen Coloured als Muttersprache Afrikaans, dann ist es nicht sonderlich schwierig Deutsch zu lernen. Die Hoffnung nach Deutschland, in die Schweiz oder nach Österreich auszuwandern ist gar nicht selten. Welchen Status werden diese Menschen im fremden Land haben? Werden jene, die „immerhin schon Coloured" waren, in Mitteleuropa dann nicht einfach als „schwarz" eingestuft und können mit einer täglichen Diskriminierung herumraufen, die nicht institutionalisiert ist, sondern informell ununterbrochen vorhanden ist?

„Ich möchte, daß meine Kinder Apartheid nur vom Hörensagen kennen. Ich mag darüber überhaupt nicht mehr sprechen." Mit solchen deutlichen Sätzen zeigen Betroffene, wie tief die ihnen zugefügten Verletzungen sitzen. Bereitwillig wird dann auch über Diskriminierung am Arbeitsplatz gesprochen. Mehr als eine Krankenschwester beschwert sich, daß weiße Patienten sich weigern, sich von schwarzen, coloured oder indischen Krankenschwestern pflegen zu lassen. Erst der Arzt kann mit dem nötigen Nachdruck dafür sorgen, daß sich Patienten in ihr Schicksal ergeben und sich von Nichtweißen versorgen lassen. Auch Kellner und Kellnerinnen wissen von der täglichen Diskriminierung zu berichten. Die Bestellung eines Kunden kann im Tonfall verraten, daß er Nichtweiße für Menschen zweiter Wahl hält.

In Fastfoodbuden beobachtete ich, wie Kunden und Verkaufspersonal miteinander umgehen. Da gibt es natürlich den Kontakt zwischen Schwarz und Schwarz. Im freundlichen, lockeren Umgangston wird bestellt, serviert und bezahlt. Der Kontakt zwischen Weiß und Schwarz kann ebenso freundlich verlaufen; wenn der Weiße freundlich mit dem Kellner umgeht, gibt es keine ablehnende Reaktion von den Bediensteten. Im Gegenteil, sie freuen sich über jede freundliche Anrede, sind auch zu einem kurzen Plausch bereit, wenn sich die Gelegenheit dazu ergibt.

Anders wird das Verhalten, wenn der weiße Kunde den Herrenmenschen hervorkehrt.

Eine beobachtete Situation: Der etwa mittelalterliche Mann blättert in der Speisekarte hin und her. „*Can I help you, Sir?*" fragte der Ober. „*I'm waiting*" antwortete der Weiße.

Der schwarze Kellner will sich zurückziehen, weil er verstanden hat, der Kunde will noch warten, wahrscheinlich auf einen Geschäftsfreund oder einen Bekannten, eine Freundin, was auch immer. Kaum hat sich der Kellner zwei, drei Schritte entfernt, brüllt der Weiße ihm nach. „*One beefburger*". Der Kellner wiederholt „*one beefburger*", der Weiße murmelt etwas von einem „*black bastard*". Noch ist mir nicht klar, ob der Kellner den Weißen verstanden hat.

Zum Beefburger bestellt der Kunde „*Coffee*". Der Schwarze wiederholt: „*One Orangejuice*". Dabei verzieht er den Körper und bewegt sich wie ein Clown hin und her, grinst zu meinem Tisch hinüber, als wollte er zeigen, wie dämlich er sich verhalten kann.

„*Bastard*" murmelt der Weiße wieder und bestellt erneut: „*Coffee*". Der Kellner beharrt auf „*Orangejuice*", was den

Weißen laut schreien läßt: „*Coffee!*“. Hierauf entschuldigt sich der Kellner tänzelnd und wiederholt die Bestellung: „*Coffee*“.

Beefburger und Kaffee werden vom Kellner gebracht. Das Service ist nicht schlecht, das könnte sich der Schwarze gar nicht leisten, ohne seinen Arbeitsplatz zu gefährden, doch signalisiert er körpersprachlich sehr genau, daß er den Kunden ablehnt.

Nicht alle Begegnungen, in denen der eine Partner meint, der Herrenrasse oder den Auserwählten anzugehören und dem anderen den niedrigen Status eines Knechts zuordnet, sind derart drastisch. Vieles ist harmloser, das Mißtrauen geringer, und doch drückt sich in der Körpersprache deutlich aus: Der eine geht mit geschwollener Brust, der andere spielt eher das unbeholfene Kind, auch den ungeschickten Clown, den linkischen August, dem man alles immer wieder sagen muß.

Solche Begegnungen sind Kränkungen, die das Klima zwischen Weiß und Nichtweiß ununterbrochen belasten. Besonders in Gebieten, in denen Angehörige verschiedener ethnischer Gruppen aufeinander treffen, sind sie häufig.

Der niederländische Schriftsteller Louis Marie Anne Couperus (1863–1923), der die meiste Zeit seines Lebens im Ausland verbracht hatte, verstand die Beziehungen zwischen Herr und Knecht treffend zu charakterisieren:

Der Eingeborene durchschaut seinen Oberherrn mit einem einzigen, durchdringenden Blick; er erkennt in ihm das Trugbild von Zivilisation und Menschlichkeit und weiß, daß sie nicht vorhanden sind. Während er ihn mit dem Titel ‚Herr' anredet und ihm die dem Gebieter schuldige Ehrfurcht erweist, ist er sich zutiefst des durchschnittlichen, kaufmännischen Wesens dieses Mannes bewußt und verachtet und verurteilt ihn im Stillen dafür mit einem Lächeln, das sein Leidensgefährte versteht und erwidert. Niemals verstößt er gegen die Form sklavischer Unterwürfigkeit, und mit seinem ehrerbietigen Gruß handelt er, als sei er der Tieferstehende; doch in seinem Innersten ist er sich bewußt, daß er der Überlegene ist.

Vielleicht sollte man an dieser Stelle festhalten, daß jede Verminderung des Leidensdrucks zu begrüßen ist, auch dann, wenn der Traum von einer großen Umgestaltung nicht aufgegeben werden darf. Die Schwarzen in Südafrika haben selbst die treffende Bezeichnung gefunden, daß auch goldene Ketten immer noch Ketten sind. Doch auf Erleichterungen zu verzichten, um darauf hinzuweisen, daß einmal das System als Ganzes abgeschafft werde, halte ich persönlich für eines der zynischsten Argumente überhaupt. Der jetzt lebende Mensch hat das Recht, so glücklich wie möglich zu leben, wenn ein mehr an Glück, angesichts der politischen Verhältnisse nicht machbar ist, sollte deswegen auf das kleinere nicht verzichtet werden.

Das bedeutet aber auch, daß dem Motto „Befreiung anstelle von Erziehung" die alternative Ausbildung der Ungebildeten gegenüberzustellen wäre, um die Emanzipation der Nichtweißen voranzutreiben. Die Betonung im vorigen Satz liegt auf alternative Ausbildung! Das bedeutet aber auch, daß diese alternative Ausbildung von der offiziellen Beeinflussung der Mächtigen in Pretoria, Kapstadt und Johannesburg ferngehalten werden muß, will man als Ergebnis nicht eine neuerliche Anpassung, die unter dem Vorwand der Dissidenz wieder systemkonform ist. Das bedeutet aber auch, daß für die künftige Entwicklung Südafrikas ein evolutionärer Weg für möglich gehalten wird, weil man die Kosten einer Revolution für zu hoch hält. Die europäischen Träume zahlreicher Solidaritätskommitees, die in einem Land fern des eigenen von einer gewaltsamen Veränderung träumen, weil sie die Verhältnisse nur vom Hörensagen kennen und daher keine Ahnung haben, was politisch überhaupt machbar ist, ohne das Land in ein Blutbad zu tauchen, sind letztlich unmoralisch und daher verwerflich. Um jedoch keine Mißverständnisse über meine Haltung aufkommen zu lassen: Die Apartheid muß abgeschafft werden, weil sie die Würde des Menschen verletzt. Um zu zeigen, daß es für die Nichtweißen möglich ist, das Land zu regieren, müßte anstelle der Idee des Unregierbarmachens des Landes der Beweis stehen, daß demokratische Verantwortung übernommen werden kann. Selbstverständlich gilt mein größter Respekt allen Streiks und Auseinandersetzungen, die den Nichtweißen geholfen haben, ein Stück Freiheit durchzusetzen. Nur glaube ich auch, daß alle Anstrengungen unternommen werden müssen, an der Basis demokratische Einrichtungen zu etablieren, die beweisen, daß Demokratie nicht nur ein Spiel ist, das Weißen vorbehalten bleiben muß, weil nur diese die Regeln kennen und können.

Kehren wir zurück zu den Kränkungen im zwischenmenschlichen Bereich. Die größte Kränkung ist sicherlich die offizielle Unterscheidung in einzelne Rassen oder Nationen. Früher bedienten sich die politisch Verantwortlichen eher des Begriffs der verschiedenen Rassen, die in Südafrika zusammenzuleben hätten. Heute wird eher die Bezeichnung Nation gebraucht, wenn es um die Beschreibung der „getrennten Entwicklung" der einzelnen Ethnien geht. Ethnien, Völker und Nationen zeichnen sich durch ein Gefühl der Zusammengehörigkeit aus. Das kann sich in der gemeinsamen Religion, Sprache, in sonstigen kulturellen Eigenheiten oder in der gemeinsamen Geschichte begründen. Die Einheiten werden freiwillig gebildet und erlauben dem einzelnen, im Bedarfsfall die Gruppe zu verlassen. Und genau das ist in Südafrika nicht möglich: dieses wesentliche Merkmal einer Ethnie wird von offizieller Seite ununterbrochen übersehen. Ein Beobachter formulierte das so: „Rassentrennung bedeutet gegenwärtig nicht die Lösung der nationalen Frage, sondern eine kurzfristige Tarnung der großen Arbeitslosigkeit."

Damit haben wir den Sprung geschafft: Den ethnischen Konflikten, die es zweifellos gibt, liegen soziale Spannungen zugrunde. Diese Verschachtelung der sozialen und ethnischen Faktoren ist für die Brisanz der gesellschaftlichen Probleme verantwortlich und zugleich der Stolperstein für eine Lösung, die alle Gruppen in gleichem Maße zufriedenstellt.

Zurück zu den ethnischen Problemen: Die Zwischenstellung der als Coloured bezeichneten Gruppe macht am ehesten deutlich, wie die Kränkung aussieht. Coloured bezeichnet eigentlich jene Gruppe von Menschen, die aus der Verbindung von Khoisan und weißen Einwanderern hervorgegangen ist. Das bedeutet im Sinne der Prädestination, daß Angehörige des auserwählten Volkes sich mit Männern und Frauen jener Bevölkerungsgruppe eingelassen haben, die eigentlich durch die „Zornwahl" Gottes gebrandtmarkt sind. Für jeden halbwegs empfindsamen Menschen wird es ohne weiteres einsichtig sein, daß solch eine Außenbeschreibung einer Gruppe als verletzend empfunden werden muß.

Nun stehen Coloured kulturell und sprachlich – die meisten haben als Muttersprache Afrikaans – der weißen Bevölkerung näher als den Schwarzen und den Indern. Es ist daher auch gar nicht verwunderlich, wenn sich Coloured im Gespräch abfällig über die Weißen äußern und gleichzeitig Zeitschriften lesen, die dem weißen Mittelstand die Vorstellung des gehobenen Lebenswandels näherbringen. Ausgerechnet in diesen Zeitschriften werden oft exotische Elemente für Neuerungen in der Alltagskultur präsentiert. Dasselbe findet zwar auch in europäischen und amerikanischen Zeitschriften statt, ähnlich wie in Europa der echte Perserteppich oder der türkische Kelim als Zeichen der gehobenen Wohnkultur gilt, aber gleichzeitig der Kontakt mit Persern oder Türken nicht gesucht wird. In den südafrikanischen Zeitschriften treten zur orientalischen Anleihe schwarzafrikanische Vorbilder. Die Geometrismen der in Südafrika lebenden Ndebele und der im Zaire wohnenden Bakuba sind zwei beredte Beispiele. Zahlreiche Geschäfte in Südafrika haben sich daher auf schwarzafrikanische Kunst spezialisiert. Eben diese Widersprüche sind für Südafrika so charakteristisch: Der Ablehnung der Schwarzen, also der eigentlichen Träger der Kultur, steht eine Sucht nach Exotischem gegenüber.

Als Folge der generellen Kränkung sind alle anderen diskriminierenden Begegnungen zu sehen, die tagtäglich geschehen. Wenn ein Weißer einen Nichtweißen tötet, dann ist das Strafausmaß stets eine Geldbuße, die kaum den Betrag von 5.000 Rand übersteigt. Tötet ein Nichtweißer einen Weißen, ist die übliche Sanktion die Todesstrafe. Während meines letzten Aufenthaltes in Südafrika wurde über einen Weißen zu Gericht gesessen, der fünfzehn Schwarze vom Rollstuhl aus erschossen hatte. In seiner Verteidigung sagte der Angeklagte, daß er aus einer Familie stamme, die ihn von Kindesbeinen gelehrt habe, daß die Neger nichts anderes als Tiere seien. Man habe ihm auch erklärt, daß diese schwarzen Tiere eine Belastung für Gottes schöne Welt seien und dadurch habe er sich angeleitet gefühlt, die Plage zu verkleinern.

In Südafrika wurde die Verhandlung aufgeregt verfolgt. Militante Weiße hatten angekündigt: Sollte der Weiße zum Tode verurteilt werden, würden sie blutige Rache an Schwarzen nehmen. Das Töten von einigen schwarzen Hunden wäre kein Grund, einen Weißen hinzurichten. Verbitterte Schwarze hatten angekündigt, sollte der weiße Massenmörder (gleichgültig ob er nun als psychisch krank oder als normal eingestuft werde) mit einer Geldstrafe davonkommen, dann müßten die ermordeten Brüder und Schwestern gerächt werden.

In diese Situation kann nur ein Land kommen, das mit Legitimationsproblemen zu kämpfen hat. Das ist in Südafrika der Fall. Der Bevölkerungsanteil, der sich durch den gegenwärtigen Staat nicht repräsentiert fühlt, soll angeblich achtzig Prozent betragen. Diese Zahl ist selbstverständlich nicht offiziell, daher eine Überprüfung nicht möglich. Auf einer Reise durch Südafrika kann sich jeder unschwer überzeugen, daß die Zahl der Menschen, die dem gegenwärtigen Staat reserviert bis ablehnend gegenüberstehen, sehr groß ist. Die einen sehen im gegebenen Zustand einen Verrat ihrer Ideale, die anderen halten Südafrika für die „letzte koloniale Extravaganz", wie Nadine Gordimer meinte.

Die Kränkung findet ihren Niederschlag in den kulturellen Äußerungen. In einem Land, in dem derartig die Seele blutet, wird jedes wehmütige Saxophonsolo eines Musikers zur Anklage. *Black Teardrops* und *Lamant* von Basil Manenberg Coetzee sind beredte Beispiele, die aus der Vielzahl von Stücken erwähnt sein sollen.

Noch deutlicher und einprägsamer sind freilich die zahlreichen Zeugnisse bildender Kunst, die Theaterstücke und die vielen Lieder, die sich der Situation annehmen. Auch in diesem Zusammenhang kann Johannesburg als treffendes Beispiel herangezogen werden.

In vielen Galerien werden Arbeiten von Künstlern unterschiedlicher Herkunft gezeigt. Die Bandbreite der Ausstellungsmöglichkeiten reicht von *Curioshops* bis zu etablierten Galerien. Nicht näher beachten will ich die Bilderflut, die sich in romantischer Weise mit der Fauna und Flora des Landes beschäftigt. In malerischer Weise werden Zebras, Giraffen und Löwen dargestellt, Abendstimmungen in der Wüste gestaltet, die pittoresken Verzahnungen von See und Land beschworen. Diese Bilder sind traditionelle Gestaltungen, die am ehesten dem Wunsch entsprechen, wie er während der Biedermeierzeit in Mitteleuropa üblich war, Fenster in eine schönere Welt zu öffnen. Diese Tradition, die auch in Europa bis zur Gegenwart reicht – die umfunktionierten Eissalons während der Winterzeit sind wohl jedem hinreichend bekannt – hat mit Kunst eigentlich nur am Rande zu tun. Die Frage, warum die Menschen nicht aufhören sich Bilder zu kaufen, die Honig sind für die verletzte Seele, wäre eher soziologisch zu klären. Vielleicht gehört aber zum Leben des Menschen auch stets ein wenig Traumbrot, um das Leben erträglicher zu machen.

Neben dieser unübersehbaren Bilderflut gibt es Äußerungen, die den Istzustand des Lebens zeigen. Doch sie sind mehr als das. Hans Weigel hat vor Jahren treffend geschrieben: „Kunstwerk hat doppelten Boden. Kunst unterscheidet sich von Nichtkunst dadurch, daß sie sich von verschiedenen Seiten und zu verschiedenen Zeiten mit Gewinn ansehen läßt, Das ist für die gegenwärtige Kunst Südafrikas der Fall."

Sowohl schwarze als auch weiße Künstler, also Künstler unterschiedlicher Herkunft, porträtieren die segmentierte Gesellschaft; diese ist „vollgesogen mit Gewalt, wie alles in diesem Land" (Athol Fugard). Doch sie zeigen nicht nur die inhärente Gewalt, und diese auch nicht als Selbstzweck, sondern als antagonistisches Prinzip zur Liebe, zur Überlebensfähigkeit des Menschen. Das macht die Kunst über die Grenzen des Landes hinaus bedeutsam.

Am bemerkenswertesten ist wohl die *Township-Art*, jene Kunst, die man eher für unmöglich hält, weil sie in den Randgebieten der offiziellen, staatstragenden Gesellschaft entsteht. In Regionen, die am Reißbrett bar jeder Phantasie entstanden sind und nur geprägt wurden vom Willen, so billig wie möglich zu bauen, entstand eine Malerei, die von Lebenskraft strotzt, die ästhetischen Bedürfnissen genügt, die Porträt und Hoffnung zugleich ist, die den Istzustand athmosphärisch einfängt und den Traum von einer anderen, besseren Welt nicht aufgibt. Eine Kunst, die, wie Ernst Bloch forderte, antizipiert, nach vorne formt.

Dabei ist die Entstehung der speziellen Kunst so merkwürdig und einzigartig wie vieles in Südafrika. Die traditionelle visuelle Gestaltung der Schwarzen Südafrikas (nicht der Khoi und San) beschränkte sich eher auf geometrische Muster. In den zwanziger und dreißiger Jahren dieses Jahrhunderts begann sowohl in den ländlichen Gebieten als auch in den städtischen Zentren der Einfluß der kosmopolitischen Kultur zu steigen. Ragtime und Jazz wurden für Schwarz und Weiß bedeutsam. Der Autor H.I.E. Dhlomo (1903–1956) beschrieb die Situation mit folgenden Worten:

> Es gibt keinen einzigen afrikanischen Gesichtspunkt ... Es gibt urbanisierte Afrikaaner und am Lande lebende, im Stammesverband beheimatete und stammlose Afrikaaner. Wir haben das Problem der Religion, die, vom nationalen Standpunkt aus, eine spaltende Kraft ist. Und dann gibt es noch die Frage der Alphabetisierung und des Analphabetentums.

In diesem Spannungsfeld begannen schwarze Künstler mit ihrer Kunst, sowohl in den ländlichen Gebieten, als auch in den städtischen Bereichen. Als dritte Gruppe gab es noch Künstler, die zwischen Land und Stadt pendelten. Bedeutsam für die Entwicklung waren die Veränderung der materiellen Situation, die Änderung in den Herrschaftsverhältnissen und die geänderten Werte der Erziehung. Außerdem verstärkt sich der Einfluß des kapitalistischen Systems auf die tribalen Traditionen. 1930 hatten alle Stammesverbände in Südafrika Steuer zu zahlen, das zwang immer mehr Leute in bezahlte Arbeitsverhältnisse.

Entweder man verkaufte seine Arbeitskraft oder hatte irgend etwas anderes zu verkaufen. Künstlerische Tätigkeit bot die Möglichkeit der Heimarbeit und des Geldverdienens. Es wundert daher nicht, daß die frühen Arbeiten nicht selten vom weißen Geschmack bestimmt wurden, hatten doch die Künstler der frühen Periode nur die Möglichkeit, ihre Produkte auf Bauernmärkten zu verkaufen. Der andere Bereich künstlerischer Tätigkeit beschränkte sich auf Dekorationsstücke für weiße Häuser, beispielsweise geschnitzte Türen oder Gestaltungen von Kästen.

Vergegenwärtigt man sich noch den tiefen Einschnitt in der Entwicklung der schwarzen Kultur durch die Missionare, die in Südafrika wie in fast allen anderen außereuropäischen Gebieten auch die traditionellen Manifestationen der bildenden Kunst erbarmungslos verfolgten, weil sie diese als Werk des Teufels empfanden, dann muß man überrascht sein, zu welcher Vielfalt die zeitgenössische Szene in Südafrika gefunden hat. Selbstverständlich ist die Kunst der Schwarzen kaum für den Markt in den einzelnen Townships bestimmt, weil die Preise zu hoch sind, doch sorgt eine breite Sammlertätigkeit der liberalen Bürger des Landes, der Kirchen und Universitäten, für eine flächendeckende Verbreitung. In allen Städten, in allen öffentlichen Sammlungen werden Arbeiten von schwarzafrikanischen Künstlern gezeigt.

Das bedeutet, daß Kränkungen, Wunschträume, Utopien und Vorstellungen über ein anderes Südafrika vermittelt werden. Da es für Bilder keine wie auch immer geartete Zensur gibt, sind sie schärfere Berichte als manche Darstellungen von Journalisten. Deutlich unterscheiden sich südafrikanische Bilder und Skulpturen von den Ergebnissen in anderen afrikanischen Staaten. Die traditionellen Vorstellungen, die von Religion und Naturmythen bestimmten Zeichen und Symbole, sind selten geworden; oft sind sie völlig verschwunden, die üblichen Stereotype treten nicht auf. Dafür ist die Malerei und die Bildhauerei individueller Stilbildung verpflichtet. Die persönliche Handschrift des einzelnen ist voll entwickelt.

Wenn man will, lassen sich die Arbeiten als „figurativer Expressionismus“ bezeichnen, wie der südafrikanische Anthropologe E.J. Jager in seinem Buch *Contemporary Afri-*

can Art in South Africa vorschlägt. Eine kraftvolle Kunst, die den schwarzen Menschen in den Mittelpunkt der Darstellung rückt, der Hoffnungen, Zorn, Liebe, Enttäuschung, Trauer und Tod erlebt. Mit viel Phantasie werden Themen aus dem Alltag abgehandelt, ohne sich um irgendwelche Einschränkungen zu kümmern.

In den letzten Jahren hat sich die Kluft zwischen weißen und schwarzen Künstlern verringert. Eine Reihe von Symposien, Tagungen und Ausstellungen zeigt, wie sehr einander weiße und schwarze Künstler in ihrer Tätigkeit beeinflußt haben. In allen großen öffentlichen Sammlungen hängen Beispiele europäischer Kunst, auch die klassische Moderne ist gut vertreten, umgekehrt haben Werke von schwarzen Künstlern den Weg in die öffentlichen Sammlungen gefunden. In der *Johannesburg Art Gallery* fanden Ausstellungen statt, die unter den Titeln *The neglected Tradition. Towards a New History of South African Art (1930–1988)* und *Images of Wood. Aspects of the History of Sculpture in 20th Century South Africa*, die Entstehung einer neuen Kultur demonstrierten, die ihre Wurzeln in den europäischen Traditionen ebenso hat wie in den afrikanischen.

So scheint langsam die Isolation, in der sich schwarze Künstler befanden, überwunden zu werden. Der mozambiquanische Maler Malangatana hat auf einem seiner Bilder Picasso einer Ansammlung von Menschen hinzugefügt, um , wie er selbst sagte, den Einfluß der europäischen Kunst auf die afrikanische zu dokumentieren, nachdem die afrikanische die europäische so tief veränderte, daß der Kubismus möglich wurde. Picasso selbst war Liebhaber und Sammler afrikanischer Figuren. Die Überwindung der Isolation fordert auch das Gedicht von Masilo Rabothata, der anläßlich des Symposions *The State of Art in South Africa* im Jahr 1979 geschrieben hatte:

We were there
blowing our lungs out
to sharpen their appetites
so they could gulp down their wine better
and fill themselves of the cheese
while they relaxed comfortably
in their cosy park of intellectualism.
Never mind, we were there
we beleched our complaints aloud of them
in lamenting song and crying verbatim
we did not fail to create the desired mood.
No! not in the slightest did we manage
to arouse feelings that we also mattered
that we want to play a part too
in the running of our own land!
It's a shame, brother; as someone did say
a disgusting shame I'd say
that there still exists in some people
such a big lumo of naivete and ignorant complacency
The rod and the bazooka shall not be spared
And since we should, when we die, we will die!

Die Auseinandersetzung um ein anderes Südafrika wird, wie schon vorhin erwähnt, auch in der Literatur geführt. Der englische Romancier Tom Sharpe, der als Buchhalter, Sozialarbeiter und Photograph solange in Südafrika lebte, bis er ausgewiesen wurde, widmete seinen Roman *Tohuwabohu* „Allen Beamten der Polizei Südafrikas ..., die ihr Leben der Erhaltung der westlichen Kultur in Südafrika weihen". Zynische Worte in einem Land, in dem die Kulturarbeit maßgeblichen Anteil an der Integration hat. Im Gebäudekomplex des *Market Theatre*, das jährlich 1.500 Veranstaltungen über die Bühne bringt, werden die Anliegen ganz scharf formuliert. Das im Ausland berühmteste Werk ist sicherlich das Musical *Sarafina*. Ehe wir über dessen Bedeutung reden, sollen noch einige andere Veranstaltungen des *Market Theatre* erwähnt werden, um zu zeigen, warum dieser Ort zu seiner Bedeutung gelangte.

Das im Stil eines Bahnhofs um die Jahrhundertwende errichtete Market ist zu einem Treffpunkt von Schwarzen, Coloured und Weißen geworden. Ohne Berührungsängste können Menschen miteinander reden, nachdenken, genießen. Wie ein Vorbote einer Gesellschaft, die nicht auf die weiße Gesellschaft abgestimmt ist, die auch den Begriff „multiracial" nicht mehr kennt, sondern schlicht und einfach „nonracial" ist, präsentiert sich dieses Kulturzentrum als einzigartiger Platz in Südafrika. Seit fünf Jahren leistet das Market seinen Beitrag, um die Utopie eines anderen Südafrika nicht absterben zu lassen.

Die Faszination beginnt im ersten Augenblick des Besuchs. Menschen aller Hautfarben – hat Josephine Baker nicht von Regenbogenkindern gesungen? – sitzen, stehen, lehnen in einem Raum. Die Luft ist dick von Zigarettenqualm, die Drängerei an der Bar ist groß, doch nicht aggressiv. Alle scheinen einander zu kennen. Ein fremdes Gesicht erregt Aufmerksamkeit. Da es keine Berührungsängste gibt, fragt mich ein Schwarzer, woher ich käme.

„I come from Austria", schon möchte ich hinzufügen, *„Austria in Europe"*, zu oft hat mein Gegenüber *„Austria"* und *„Australia"* verwechselt. *„Oh Austria"*, antwortet der Unbekannte, *„which part?" „Vienna"*, ergänze ich meine Herkunft. *„And you?"*, frage ich weiter. *„From Jo'burg"*, antwortet er lächelnd, schüttelt mir erst die Hand, danach gleitet die Handfläche aus der meinen, sodaß wir einander an den Daumenballen zu fassen kriegen. Diese Art einander die Hände zu schütteln gleicht einer Umarmung.

Sofort fragt er mich, wie es mir in seinem Land gefalle und auf meine Antwort, daß Südafrika ein herrliches Land sei, landschaftlich gesehen, bewohnt von warmherzigen Menschen, fragt er mich: „Was machst du eigentlich hier?"

„Ich möchte die Wahrheit sehen", antworte ich, „in meinem Land wird viel über Südafrika berichtet. Nun möchte ich wissen, wie es hier wirklich ist." „Wenn du die Augen aufmachst, wirst du die Wahrheit sehen", sagt der Fremde lächelnd und nennt seinen Namen: „George".

„Gibt es in Österreich auch Apartheid?", will er wissen.

„Nein", antworte ich, vergesse auch nicht hinzuzufügen, daß in Österreich keine Schwarzen wohnen, dafür Gastarbeiter aus Jugoslawien und der Türkei; was zu Problemen führe: Viele Österreicher hätten Angst vor Fremden, viele lehnten sie ab, die Ablehnung hätte wahrscheinlich ihre Wurzeln in der Angst, doch eine vom Staat festgeschriebene Unterscheidung im Sinne von unterschiedlichen Rassen gäbe es nicht.

„So weit müssen wir auch noch kommen", sagt George. „Wir müssen lernen unsere Laager zu überwinden. Doch das wird sehr schwer sein. Hier im Market gibt es nur ein Laager, das Laager der Versöhnung." Mein Gesprächspartner verwendet das burische Wort *Laager* ironisierend und damit dessen Bedeutung zur Beschreibung seines politischen Selbstverständnisses auflösend. „*Laager*" bedeutet soviel wie „Einigelung" auf den eigenen politischen und ethnischen Standpunkt und die Weigerung, sich auf einen Dialog mit den anderen einzulassen.

Dann wechselt George das Thema: „*Vienna*, das ist doch die berühmte Stadt der Musik." Er nennt rasch eine Anzahl von Namen, die für die Entwicklung der abendländischen Musik bedeutsam sind.

Dann stellt er mich seinen Freunden vor, auch einigen Musikern, immer wieder betont er, daß ich aus Wien, der Stadt der Musik käme, als wäre ich Spezialist und käme es auf mein Urteil besonders an.

Im Gedränge geht auch ein Schwarzer herum, der auf seinem Rücken eine Aufschrift trägt: *Zap Boksburg's Rassists in a Zipi*. Was soviel heißt wie: „Steckt die Rassisten von Boksburg in einen Mistkübel".

Boksburg ist zu einem Synonym für die kleine Apartheid geworden. Während man in nahezu allen Landesteilen die tägliche Diskriminierung im Kleinen so gut wie abgeschafft hat, haben sich in manchen Gegenden die Scharfmacher wieder durchgesetzt: Getrennte Schalter bei der Post, getrennte Eingänge bei Gaststätten oder die Aufschrift: „*Reserved for Whites*". In Geschäften dürfen nur Weiße den vorderen Eingang benützen, für die Nichtweißen werden die Waren durch ein Fenster an der Rückseite des Geschäfts herausgereicht. Als Antwort boykottierten Schwarze die Geschäfte. Umsatzeinbrüche waren die Folge, die Kaufkraft der Schwarzen darf nicht unterschätzt werden. Nun buhlen die weißen Geschäftsleute um die Gunst der diskriminierten Käufer, die es jedoch vorziehen, eher mit dem Bus in die nächste Stadt zu fahren, als bei einem Rassisten einzukaufen.

Für einen Besucher im Jazzlokal ist die Bedeutung der Aufschrift klar, ebenso die Verhältnisse von Boksburg. Immer wieder klopfen Musikfreunde dem Mutigen, der den Protest so deutlich trägt, aufmunternd auf die Schultern. Auch Weiße sind unter den Befürwortern dieser Aufforderung.

Die Musik läßt die Leute nicht ruhig sitzen. Schon nach wenigen Takten beginnen Menschen zu tanzen, darunter auch gemischte Pärchen, auch wenn sie sonst nicht zusammengehören. Unter den Besuchern gibt es weiße Frauen, die mit Schwarzen tanzen. Ein Vorgang, wie er am Land unvorstellbar wäre. Daneben steht gemütlich der weiße Ehemann und sieht fröhlich zu. Er selbst tanzt wenig später mit einem schwarzen Mädchen.

Die Musik besteht aus einer Reihe von südafrikanischen Kompositionen, eine aus Lesotho stammende Sängerin, Cidi Leloka, interpretiert ihre Songs in Englisch, Sotho, Zulu und Xhosa. Immer wieder erläutert sie in englisch für alle, worum es im nächsten Lied geht. Arbeitsplatzprobleme, schlechtes Busservice von und zu der Township, alleingelassen werden, weil der Mann eine andere Frau hat, alles Themen aus dem Alltag, wie sie der amerikanische Blues auch kennt. Die Lieder wären eher als Balladen einzustufen, weniger als Blues, doch in ihrer Direktheit, ihrer Unmittelbarkeit aus den Verletzungen und Kränkungen der Seele entsprechen sie eher dem Blues. Ich bin fassungslos, was für eine ans Herz gehende Musik hier gespielt wird, die niemand im fernen Europa auch nur vom Hörensagen kennt. Warum verschließen wir eigentlich so die Augen?

In diesen Reigen, der von Lust an der Bewegung bis hin zur Melancholie reicht, werde ich hineingerissen, ich bin kein Fremder mehr. Plötzlich tanze ich ohne Hemmungen, in Wien habe ich meist einen Knoten in den Beinen.

In der Pause werde ich der Sängerin vorgestellt, die mich mit großen Augen ansieht und dann wörtlich sagt: „Ich möchte gerne einmal in Wien singen. Von Miriam Makeba habe ich gehört, in deiner Stadt soll es ein Publikum geben, das viel Verständnis hat. Ihr solltet mehr über uns wissen."

Nach der Pause wagt sich Leloka an die großen Standards von Duke Ellington. *Mood Indigo, It don't mean a thing, if it ain't got that swing*. Cidi trägt einen schwarzen Hut, ihr Becken kreist rhythmisch, die Arme umfassen einen unsichtbaren Liebhaber. Der aus Swaziland stammende Saxophonist bläst heiser und trocken die Melodien. Das Lokal ist in blaues Licht getaucht. Die Besucher geraten allmählich ins Kochen. Manche stehen auf den Sesseln und tanzen, dabei stoßen sie Brunftschreie aus. Hier feiert eine Familie ein Fest, das jeden in den Taumel mitreißt. Bier fließt in Strömen. Nach dem Ausflug in das internationale Repertoire kehrt Cidi wieder zu Balladen in ihrer Muttersprache zurück. In dieser Atmosphäre ist die Frage unwichtig geworden, welchen Anteil die einzelnen Kulturen, Ethnien oder Gesellschaften an der Entwicklung der Musik haben, die alle bei Herz und Hirn packt, erfreut und emotionalisiert gleichzeitig. Die Musiker mischen sich unter das Publikum, der eine sagt mir, er hätte schon mit Dollar Brand in Wien gespielt.

„Europa ist ein Erlebnis", erzählt er mit einem leicht feuchten Anflug in den Augen,

kein Mensch hat wissen wollen, welche Hautfarbe wir haben. Wir haben in jedem Restaurant gegessen, das uns gefallen hat. Wir sind überall dorthin gegangen, wohin wir gehen wollten. Und nie hat einer zu uns gesagt, schleicht euch, ihr verdammten Nigger. Soweit muß auch unser Land noch kommen.

Ich schrecke zurück, von einem schwarzen Freund zu erzählen, der aus Nigeria stammte, genauer gesagt aus Biafra, und der jahrelang in Wien gelebt hatte, sodaß er perfekt den Dialekt der Stadt beherrschte. Er war im siebenten Lebensjahr nach Europa gekommen, um von einer kinderlosen Familie adoptiert zu werden. Er war solange das herzige Negerlein gewesen, bis er ins Alter kam, in dem er sich für Mädchen interessierte. Beim Anruf war noch alles bestens, weil ohnehin niemand erkannte, daß der anrufende „Joe" ein Schwarzer war. Wenn er das Mädchen von zu Hause abholte, spürte er, wie den entsetzten Eltern vor Schreck die Augen aus den Höhlen fielen. Oft hatte er sich über den täglichen Rassismus beklagt: „Die Wiener können mit Negern nicht umgehen. Sie mögen ihre Musik, sie sehen sie gerne tanzen, doch Hautkontakt wollen sie keinen."

Joe sprach immer von sich als Neger. „Wenn ich Neger sage, fühle ich mich nicht diskriminiert, und schwarz bin ich außerdem". Heute lebt Joe in Nigeria. Er hat den täglichen Rassismus, die versteckten Blicke und Bösartigkeiten nicht vertragen. Wie soll ich einem Südafrikaner, der in Europa die Chance für den Ausgleich der Rassen sieht, erklären, daß alles nur eine Frage der Anzahl zu sein scheint. Lebten in Österreich vier mal mehr Schwarze als Weiße, ich fürchte, wir hätten einen Rassismus, der sich vielleicht in offenen Konfrontationen äußern könnte, wie der Kampf zwischen Katholiken und Protestanten in Belfast.

Zaghaft versuche ich ein bißchen über die Schwierigkeiten mit Türken und Jugoslawen zu erzählen, ich möchte kein Weltbild, das Hoffnung vermittelt, zerstören, ohne einen fragmentarischen Ersatz zurückzulassen.

„Europa“ sagt mein Gegenüber,

> Europa, das muß ein Kontinent sein, auf dem es sich zu leben lohnt, warum würde sonst Archie Sheep dort leben, warum würde sonst Art Farmer ausgerechnet dort sein zu Hause gesucht haben? Unser Problem sind die Verkrampten, die sind zwar weiß, glauben sie sind Europäer, doch eigentlich sind sie ein Stamm, der nichts versteht außer seinen eigenen Vorteil.

George sagt das ohne den geringsten Anflug von Haß, eher im Tonfall des Bedauerns mit den Verkrampten. Wie können die nur so dumm sein, auf ihren eigenen Untergang durch beharrliches zu spät Reagieren derartig konsequent hinzuarbeiten?

Mich erinnert die sanfte, doch sehr bestimmte Art von George an einen Satz von Alan Paton, der in seinem Roman *Cry, the Beloved Country* geschrieben hat:

> Eine große Angst bedrückt mein Herz, die Angst, daß die Weißen an dem Tag, an dem sie endlich zur Liebe bereit sein werden, entdecken müssen, daß wir Schwarze uns dem Haß verschrieben haben.

Am meisten allerdings beeindruckt mich der ungeheure Charme, mit dem die Schwarzen ausgestattet sind. Wie kann sich die weiße Bevölkerung diesen Menschen gegenüber derartig sperren? Müßte nicht jedes theoretische Gebäude, das beweist, um wieviel besser die eigene Rasse ist, durch Begegnungen mit den anderen ins Wanken geraten? Sicherlich. Nur, und das ist der größte Unsegen der Apartheid, sind die einzelnen Bevölkerungsgruppen durch die Rassentrennung an einer wirklichen Kontaktnahme gehindert. Menschen, die man nur als Hilfsarbeiter, Gärtner, Autowäscher, Fensterputzer, Getränke- und Eisverkäufer erlebt, kann man nicht kennenlernen.

Im Market wird in Veranstaltungen nicht nur das große Problem der Apartheid genannt, sondern auch jene, die sich aus dem Konflikt zwischen alten, lieb gewordenen, bequemen Gewohnheiten und den Herausforderungen der Industriegesellschaft ergeben. Zwischen 1969 und 1985 nahm der Anteil an beschäftigten Frauen in Südafrika um 212 Prozent zu. Trotzdem liegt der Anteil der Frauen bei allen registrierten Beschäftigten noch immer um zehn Prozent. Der Glaube der Pilgerväter, daß Gott aus der Rippe des Mannes ein dienstbares Wesen geschaffen hat, die Frau, ist noch immer sehr verbreitet.

Die südafrikanische Schriftstellerin Olive Schreiner, Tochter einer englischen Einwanderin und eines deutschen Missionars, schrieb in ihrer *Geschichte einer afrikanischen Farm*:

> „Nichts ist so gut wie verheiratet zu sein", sagte Tante Sannie und schleppte sich schnaufend zur Tür. „Wenn eine Frau ein Kind hat und einen Mann, dann hat sie das beste, was der Herr ihr geben kann; solange das Kind keine Krämpfe hat. Was den Mann angeht, ist es ziemlich gleichgültig, welchen man da bekommt. Manche sind fett, andere sind dünn; manche trinken Brandy, andere trinken Gin; zu guter Letzt ist das alles gleich; das ist alles eins. Ein Mann ist und bleibt ein Mann!"

Wenige Jahre später veröffentlichte Olive Schreiner den Prosaband *Träume*, in dem sich auch die Miniatur *Gaben des Lebens* findet.

Ich sah eine schlafende Frau. In ihrem Schlaf träumte sie, das Leben stünde vor ihr und hielte in jeder Hand ein Geschenk – in der einen Liebe, in der anderen Freiheit. Und es sagte zu der Frau: „Wähle!" Und die Frau zauderte lange: und sie sagte „Freiheit!" Und das Leben sagte „Du hast gut gewählt. Hättest du Liebe gesagt, ich hätte deinen Wunsch erfüllt; und ich wäre fortgegangen und nie mehr zu dir zurückgekehrt. Jetzt aber wird der Tag kommen, an dem ich wiederkommen werde. An diesem Tag werde ich beide Gaben in einer Hand halten." Da hörte ich die Frau lachen im Schlaf.

Auf den Tag der Befreiung warten die Frauen in Südafrika noch immer. Unabhängig von ihrer Hautfarbe. Angeblich schlagen 60 Prozent der Männer ihre Ehefrauen, wie eine Konferenz der *University of South Africa* (UNISA) festgestellt hat. Diese Form der Gewaltsbeziehung zwischen den Geschlechtern gilt als selbstverständlich akzeptierte „kulturelle Norm". Das Oberhaupt der Familie hat das Recht, die Hierarchie wieder ins Lot zu bringen, wenn seine Position gefährdet erscheint.

Sichtbarer Ausdruck dieser Herrschaftsverhältnisse, bei denen der Mann als Oberhaupt, Ernährer, Erzieher, Vermögensverwalter, als Repräsentant Gottes auf Erden, als Beschützer angesehen wird, sind die gesetzlichen Bestimmungen. Seit 1984 wurde die unbestrittene Allmacht des Mannes eingeschränkt. Schuld muß, wenn sich eine Frau scheiden lassen will, nicht mehr unbedingt nachgewiesen werden. Es ist auch nicht mehr so leicht möglich, daß ein Ehemann das Vermögen seiner Frau durchbringt, sich dann von seiner Exgespielin mir nix dir nix ohne finanzielle Verpflichtungen verabschiedet und sich mit einer neuen Glücksbringerin aus dem Staub macht. Das Gesetz trifft eine entscheidende Einschränkung: Es gilt nur für Ehen, die nach in Kraft treten des neuen Gesetzes geschlossen worden sind. In die bestehenden Rechtsverhältnisse wird nicht eingegriffen: „Es wäre falsch, sich in diese Ehen einzumischen", sagte Justizminister Kobie

Coetsee vor dem Parlament. Die Aufhebung der ehelichen Macht des Mannes hätte bloß Konflikte in die vielen Partnerschaften hineingetragen, die bisher in Ordnung waren, „glücklich und normal". Verschärft wird die Lage der schwarzen Frauen durch die Apartheid. Sie stehen am unteren Ende der Hierarchie. Auf ihren Schultern türmt sich die Last einer Gesellschaft, die streng hierarchisch geordnet ist. „In Südafrika scheint man es geradezu zum Volkssport entwickelt zu haben, die absolute Grenze weiblicher Belastbarkeit herauszufinden", schreibt Dorothea Razumovsky, eine Journalistin, die jahrelang als Korrespondentin in Johannesburg lebte und über das Land kritische, aber sehr einfühlsame Berichte verfaßte.

Was schwarzen Frauen an Lasten aufgebürdet werden kann, ohne daß sie zusammenbrechen, grenzt an Wunder. Von klein an werden sie dazu abgerichtet, ihre kleinen Geschwister auf dem Rücken und alles andere – Wasser, Brennholz, Nahrungsmittel – auf dem Kopf zu tragen. So kommt es, daß – wie eine Untersuchung der Universität von Nairobi festgestellt hat – eine 59 Kilogramm schwere Afrikanerin ohne die geringste Anstrengung eine Last von 13 Kilogramm auf dem Kopf zu tragen imstande ist, ja ohne auch nur einen Deut mehr Energie zu verbrennen, als wenn sie nichts trüge. „Es könnte sein, daß diese Frauen ihr Rückgrat dazu adaptiert haben, Lasten mit den Knochen statt mit den Muskeln zu tragen", versucht der Physiologe Norman C. Meglund von der Harvard-Universität das erstaunliche Phänomen zu erklären, daß schwarze Frauen, solange sie stillstehen, sogar bis zu 70 Prozent ihres Körpergewichtes ohne feststellbaren Energieverlust aufgepackt bekommen können.

Den Unterschied zwischen weißen und schwarzen Frauen in ihrer Leiderfahrung angesichts der Unterdrückung durch das System, bringt Leah Tutu, Ehefrau des Friedensnobelpreisträgers Desmond Tutu, auf folgenden Nenner:

Ihr weißen Mütter, denkt daran, wenn eure Söhne sich militärisch ausbilden lassen, an die Grenze gehen und für ihre Sache kämpfen, für ihr Volk und Vaterland, dann sind sie „unsere tapferen Jungs an der Grenze", und wenn sie dabei umkommen, werden sie als Helden geehrt. Wir schwarzen Mütter aber – wenn unsere Söhne über die Grenzen gehen, sich militärisch ausbilden lassen, um für unsere Sache zu kämpfen, für unser Volk und dasselbe Vaterland, dann sind sie „Terroristen", und wenn sie dabei umkommen, werden sie als Verbrecher verscharrt. Da muß doch etwas grundverkehrt sein in diesem schönen Vaterland.

Diesen Unterschied im schönen Vaterland, dieses Leben in einem Zustand der Hoffnung von einem anderen Südafrika spricht im *Market Theatre* die *Show „Inynaga. About Women in Africa"* an. Drei schwarze Frauen und eine weiße, die als Sängerinnen, Tänzerinnen und Schauspielerinnen handeln – jede Definition ist nicht weit genug, um das Bewegende in ihren Aussagen und auch das Wie mit Worten zu vermitteln –, nennen die Verhältnisse beim Namen. Wäre Botha eine Frau mit milchstrotzenden Brüsten und einer Wunde zwischen den Beinen, würde er sicherlich nicht tatenlos zusehen, wie Kinder zusammengeschossen, verletzt und eingesperrt werden. Er würde die Mißhandlungen nicht dulden, die auf den Polizeirevieren vorkommen, er würde nicht tatenlos zusehen, wie die Augen der Kinder von Tränengas übergehen. In diesen Protest gegen die Unmenschlichkeit der Behandlung mischt sich die Erinnerung an vergangene Tage. Einst war man im Paradies zu Hause. In einem Dorf nahe bei Durban an der Küste des Indischen Ozeans. Dort herrschte der ewige Frühling, es war nie kalt und nie war die rauhe Stimme eines Weißen zu hören. Besungen wird auch das Land, das früher Schwarzen gehört hat, bevor es die Weißen nahmen, weil sie es brauchten. Heute steht auf dem Gelände anstelle schattenspendender Bäume und fruchttragender Pflanzen eine Fabrik. Die Menschen, die früher dort zu Hause waren, verkaufen heute ihre Arbeitskraft in der Fabrik und werden als heimatlos angesehen.

Mit einprägsamer Stimme singt Sophie Mgcina, eine Frau mittleren Alters, das Lied über eine Maid, die im Haus einer weißen Familie arbeitet: In wenigen Sätzen wird das ganze Dilemma einer Abhängigen deutlich. Während sie für die Kinder der weißen Familie sorgt, ist für die eigenen niemand zuständig; als eines der eigenen Kinder stirbt, ist die Arbeit gebende Familie unzufrieden über die Zerstreutheit der Angestellten. Die schwarze Frau beklagt sich über die schlechte Erziehung, die sie genossen hat. Wenn sie etwas nicht weiß, wird sie von den Arbeitgebern zurechtgewiesen. *„Madame please, don't call me a fool.“*

Auch die Situation der Frauen in den Homelands wird angesprochen: Mit einem Kind am Rücken und einem im Bauch arbeiten sie am Feld. Der Ehemann sitzt in irgendeiner Township und läßt nichts von sich hören.

Die Enttäuschung über die Männer, die sich als bessere Wesen aufspielen, wird hinausgeschrien. Was soll der Satz „Dein Wille soll deinem Mann unterworfen sein, und er soll dein Herr sein“ (1. Mose, 3,16), wenn der Mann nichts arbeiten will, um seine Familie zu erhalten? „Ich brauche keinen Mann“, heißt es daher auch verständlich in einem der Songs. Doch dieser ist keine einfache Absage an das männliche Geschlecht, vielmehr ist er eine differenzierte Auseinandersetzung über die Ambivalenz zwischen den Geschlechtern. Auf der einen Seite die ungeheure Anziehungskraft, die jeden trotz Enttäuschungen immer wieder die Nähe eines Partners suchen läßt, auf der anderen das Wissen, Enttäuschungen gehören zum Leben wie der Schatten zum Licht. Obwohl Sophie Mgcina immer wieder singt, „Ich brauche keinen Mann“, spielt sie die verführerische Frau: dabei bewegt sich der Körper, und die Hände unterstreichen deutlich die weiblichen Reize, sie zeigt auf Männer im Publikum, den kleinen da oben hat sie schon gehabt und den großen da vorne auch, den Alten halbrechts auch schon, und den Jungen, dort hinten, den wird sie sich jetzt nehmen. „Ich brauche keinen Mann."

Die Parallelen zwischen Mutter und Tochter werden gezogen: Die Mutter war eine Sängerin, die auf Hochzeiten tanzte und sang. Die Tochter tanzt und singt auch, aber nicht bei Hochzeiten, sondern auf Begräbnissen. Ihre Stimme muß einer anderen Aufgabe geweiht sein: Der Befreiung des Volkes von der Knechtschaft, denn eine Township woman weiß sich zu wehren.

Der Übergang von Kunst zur Agitation ist fließend: In Europa ist selten etwas Differenzierteres über das Leben von Frauen zu sehen. In dieser Darbietung gelingt es den Sängerinnen und Tänzerinnen immer wieder die nötige Balance zu finden, indem die Frau nicht nur als Opfer von Verhältnissen, sondern auch als Gestalterin ihrer Lebenssituation gezeigt wird. Das kommt in dem Gedicht Praise zum Ausdruck:

Dear God, Qamata, Mvelinquangi, – you are the one who came first
You are the creator of the universe
You created the moon
You created the sun
I am not sure in what order
Did you create the moon first
With all the gentleness and care
With the soft light and mysteries
That it seems to carry

Unvermittelt wird klar: Der Mann liebt bei der Frau die Eroberung, auch wenn sie nur Schein ist, doch in Wahrheit ist es umgekehrt: Sie sucht sich den Partner. Der Kampf zwischen den Geschlechtern ist auch ein Kampf in der Auslage der Eitelkeiten. Der Mann erliegt immer wieder der Sinnlichkeit der Frau, die sie als Waffe einsetzt und die den Mann glauben läßt, er habe die Frau als Beute, doch in Wirklichkeit ist es umgekehrt.

Did you get bored the way it is
Then you created the sun
So hot, so confident, that overpowered the moon
So hot that it could scotch the earth and all that's in it
I am not sure whether the moon and sun are supposed to be male and female
Whatever the order is
I know sunsets can put people in a very romantic mood
But isn't the full moon wild:
Wild for man and beast
If the sun is the man
And the moon the woman
Then maybe I should try
And understand a few things.

Die vier Darstellerinnen Gcina Mhlope, Thembi Mtshali, Sophie Mgcina und Jennifer Ferguson, drei Schwarze und eine Weiße, thematisieren auch den Konflikt zwischen den „*Laagern*", zwischen den Rassen. Wie ist es möglich, daß ein Kind, das an den Brüsten der Amme Milch sog und dessen erste Worte seines Lebens nicht Afrikaans und nicht Englisch, sondern Zulu waren, in der Township als Polizist arbeitet und auf Schwarze schießt?

In annähernd zwei Stunden wird das Dilemma eines Landes aufgerollt: Das Denken in Laagern, das Oben und Unten, die menschliche Verständigung, die Liebe und das Zerstörtwerden von Zuneigung durch ein System, das Beziehungen, die über den festgefügten Rahmen hinausgehen, schwer erlaubt und daher für die einzelnen unerträglich macht. Wer hat immer den Mut, gegen das anzukämpfen, was man common sense nennt?

Die Darbietung des Programms schwankt von Englisch zu Zulu, Xhosa und Afrikaans. Die Mischung der

Schnalzlaute des Xhosa und der gutturalen Klänge des Afrikaans gibt eine Vorstellung, wie weit Menschen voneinander entfernt sein können. Dieselbe Ausstattung der Sprechwerkzeuge, und was für ein Unterschied, sich zu artikulieren! Der Gegensatz läßt sich auch musikalisch schön verwerten.

Das Publikum, das sich aus den verschiedenen Ethnien Südafrikas zusammensetzt, ist auf Übersetzungen der einzelnen Texte angewiesen. Als Jennifer Ferguson bluesähnliche Lieder singt, die häufig in Afrikaans enden, beginnen Schwarze sich über die Gutturallaute lustig zu machen. Tief aus den Kehlen ertönt das Ch, Ch, das die Sprache so unverwechselbar macht. Die weißen Zuhörer reagieren durch Ignorieren der Störaktion, die nur wenige Augenblicke dauert. Die Mehrheit des schwarzen Publikums fordert die Störenfriede auf zuzuhören, denn mit demselben Recht ließe sich auch über die Schnalzlaute lachen.

In der Pause komme ich mit Besuchern ins Gespräch. Sie empfinden die Spiegelung ihrer Lebenssituation, aufgelöst in Gesang und Gedichte, begleitet von einer Band, als Befreiung von der täglichen Mühsal. Ich führe das Gespräch auf Englisch, plötzlich entschuldigt sich einer wegen der Störungen während der Veranstaltung. „Ich hoffe, Sie fühlten sich nicht verletzt. Wir haben kein Recht uns über eure Sprache lustig zu machen, wenn wir Achtung für unsere Kultur von euch erwarten." Ich bin mir nicht sicher, ob sich in Wien bei einer derartigen Störung einer gefunden hätte, um sich für die anderen zu entschuldigen.

Im *Market Theatre* wird auch das neue Stück von Athel Fugard *My Children! My Africa!* aufgeführt. Fugard, dem man nachsagt, er trüge seine „südafrikanische Staatsbürgerschaft als härenes Gewand" und jedes seiner Stücke sei „ein Schrei ‚mea culpa'", hat in dem autobiographischen

Stück *Master Harold ... und die Boys* eine schlichte Definition von Kunst gegeben, die er in einer Szene durch einen kurzen Dialog entwickelt:

Hally: ... Bring Kunst und Unterhaltung nicht durcheinander.
Sam: Ja, was ist denn Kunst?
Hally: Willst du eine Definition hören?
Sam: Ja
Hally: Das versuchen die Philosophen schon seit Jahrhunderten. Was heißt Kunst? Was heißt Leben? Im Grund heißt es wahrscheinlich ... einer Sache Sinn geben.
Sam: Und mit Schönheit hat es nichts zu tun?
Hally: Es geht darüber hinaus. Es heißt, dem Formlosen eine Form geben.

Die Überlegung, dem Formlosen eine Form zu geben, einer Sache Sinn geben und diese Sinngebung parallel sehen können in Kunst und Leben, weil das eine ohne das andere möglich, das andere ohne das eine nicht Leben ist, auf die Arbeiten des südafrikanischen Dramatikers angewandt, zeigt ihn als bohrenden Frager, für den Theater auch eine moralische Anstalt, ein Spiegel der Zeit ist, der unbarmherzig Verhältnisse widergibt.

War das Stück *Die Insel* die Bearbeitung der Frage „Warum bin ich hier?“, exemplarisch gezeigt an Häftlingen auf Robben Island, der berüchtigten Gefangeneninsel vor Kapstadt, auf der Menschen nach allen Regeln des inhumanen Strafvollzugs schikaniert werden, so behandelt das neue Stück die Frage nach der historischen Legitimität der Besiedlung von Südafrika. Stolz sagt ein blondes Mädchen zu einem schwarzen Burschen, daß *„die land ons land“* sei, denn immerhin wohnt ihre Familie schon die dritte Generation in Afrika. Worauf der schwarze Bursch ungerührt antwortet: Meine Familie lebt hier seit zehntausend Jahren. Fugal gelingt es anhand von drei Personen, einem weißen Mädchen, einem schwarzen Burschen (beide besuchen die Highschool) und einem älteren schwarzen Lehrer, die Grabenbrüche in der südafrikanischen Gesellschaft aufzuzeigen.

Die Geschichte des weißen Mädchens, das sich an geschichtlichen Ereignissen wie der Schlacht von Hastings, dem hundertjährigen Krieg, Herrscherpersönlichkeiten aus England in ihrer kulturellen Identität begreift, hat wenig zu tun mit der Geschichte der schwarzen Bevölkerung des Landes. Für diese ist der Herrscher Chaka eine geschichtliche Identifikationsfigur.

Zu dem Konflikt zwischen Weiß und Schwarz läßt Fugard das Generationsproblem der Schwarzen treten. Der Lehrer, der sich unablässig bemüht, die weite Welt durch Bildung den Schüler zu eröffnen und die Lyrik eines William Wordsworth , Lord Byron und Percy Bysshe Shelley zu vermitteln, sieht sich einer bewußten Sperre seines Musterschülers gegenüber. Wozu, fragt der Schüler, brauchen wir das Wissen um Byron, Shelley, Wordsworth, die Kriege, Schlachten und die Herrscher in Europa? Haben wir nicht eine ganz andere Geschichte, die für uns wichtig ist: 1799 die Khoisanrebellion gegen die Landnahme der Buren, der Sklavenaufstand von 1808, die Rebellion der *African People's Organisation* von 1905, der Aufstand der Sophiatown 1944, das Massaker von Sharpeville 1960, der Aufstand von Windhoek 1961, die Unruhen in Paarl 1962, und nicht zu vergessen Soweto 1976/77?

Plötzlich fordert der Schüler, daß der Lehrer am Schulstreik mitmachen soll, weil eine Ausbildung geschaffen werden muß, „die unseren Interessen entspricht". In einer packenden Szene hält der Lehrer seinem Schüler einen Stein entgegen, der durchs Fenster geworfen wurde, weil alle Streikaufrufe von ihm nicht befolgt wurden, wägt ihn in seiner Hand und vergleicht das Gewicht des Steins mit dem eines englischen Wörterbuchs. Beide sind in etwa gleich schwer. Das eine heißt Stein, das ist im

Buch nur ein Wort. Im Buch findet die gesamte englische Sprache Platz. Was zählt mehr?

Im Stück wird der Lehrer als Gefangener seiner Vorstellungen gezeigt, er ignoriert die Boykottaufrufe solange, bis er erschlagen wird, der junge schwarze Schüler wird zwischen Steinewerfen und Wordsworth hin und hergerissen, schließt sich dem Aufruhr an und muß das Land verlassen. Das weiße Mädchen versteht die Aufregung überhaupt nicht. Für sie geht es vorrangig um den guten schulischen Abschluß, ihre Beziehung zum schwarzen Schüler ist von Freundschaft geprägt, die ihre Grenze hat, wenn es um das Verständnis geht, wodurch Nichtweiße ununterbrochen von Weißen gekränkt werden. Dennoch hilft sie ihrem Freund und versucht sogar noch für seine Flucht Hilfe zu organisieren.

Die abweisende Haltung des schwarzen Schülers entspricht in schlagender Weise den Äußerungen eines schwarzen Aktivisten in dem Roman *Burgers Tochter* von Nadine Gordimer:

> Auf die Dauer werdet ihr Weißen überhaupt nicht gefragt. Ihr Liberalen genausowenig wie die Regierung ... ihr Weißen, was auch immer ihr seid – es kommt nicht mehr auf euch an. Ihr könnt euch nennen, wie ihr wollt – Afrikaaner, Liberale, Kommunisten. Das macht einfach keinen Unterschied. Wir nehmen künftig keine Almosen mehr. Wir nehmen einfach. Versteht ihr das? Wir nehmen uns alles, was wir wollen. Ein Sklave, der die Privilegien des Herrn hat ohne dessen Rechte – so etwas gibt es nicht mehr. Aus und vorbei ...

Das *Market Theatre* ist voll bis auf den letzten Platz. Das Publikum ist, wie in diesem Haus üblich, gemischt. Es gibt hier kein Ghetto. Als die schlechte Erziehung im Stück angesprochen wird, hat ein neben mir sitzendes Coloured-Mädchen Tränen in den Augen. Sie stößt mich leicht und sagt: „So ist es, hier erfährst du die Wahrheit!“

Das hier angesprochene Bildungssystem macht große Unterschiede zwischen Weiß und Nichtweiß. Abgesehen davon, daß der Ausbildungsstandard für die Nichtweißen niedriger angesetzt wird, werden auch die Bildungsinhalte auf die kulturellen Normen der Weißen abgestimmt. Das geht zu Lasten der Vermittlung von Wissen, das für die größere Zahl der Nichtweißen wichtig wäre.

Dem Publikum ist der gordische Knoten an Problemen geläufig, in der Pause erhebt sich im Foyer eine Vielzahl von Diskussionen. Leicht ist es von einer Gruppe zur anderen zu gehen. Menschen, die man noch nie vorher gesehen hat, reagieren auf Augenkontakt und beziehen Stellung. „Wir wollen aus Südafrika ein entwickeltes Land machen, auf die Bildung zu verzichten ist Wahnsinn. Was wissen wir eigentlich wirklich über unser Land", fragen andere. Auch auf die Gefahr hin, daß ich langweilig werde, möchte ich es gerne nochmals sagen: So ein Publikum wünschte ich mir für meine Heimatstadt. Ein Publikum, das über das Stück redet, das sich wiedererkennt. Ich komme aus Wien, einer Stadt, in der Menschen eher dazu neigen, sich nicht in gezeigten Charakteren zu erkennen, um daher noch besser über diese schimpfen zu können.

In solchen Augenblicken, in denen Theater hinübersteigt ins Leben und Begegnungen möglich macht, die Einsichten vermitteln, fühle ich mich in Südafrika nicht als Fremder, sondern als gern gesehener Gast. „Erzähle deinen Freunden, was du hier gesehen hast. Erzähle ihnen die Wahrheit."

Theater als Kristallisationspunkt der Gedanken und der Solidarität: In einer Szene fordert der schwarze Schüler: „*Amandla!*", die Macht für das Volk. Er ballt die Faust und schreit aus vollem Hals, dabei springt er mit einem gewaltigen Satz in die Höhe. Das Publikum antwortete mit einem ebensolchen Schrei, ballt die Fäuste, springt vom Sessel hoch und antwortet „*Amandla*“. Die Besucher scheinen für den Augenblick vergessen zu haben, daß sie durch die gesetzlichen Bestimmungen zu verschiedenen Gruppen gehören, deren Zusammenleben durch eine Anzahl von Regeln bestimmt wird. Ist das Market Theatre in solchen Augenblicken der Schmelztiegel der einzelnen Gruppen, die dabei sind, sich eine neue, alle umfassende Identität zu geben?

Wie weit wirkt das Market Theatre hinaus auf das Land? Sind die Besucher nicht Mitglieder von irgendwelchen Eliten, die es sich leisten können, ins Theater zu gehen und gleichzeitig ihre ästhetischen Bedürfnisse zu stillen, während im ländlichen Bereich nichts Vergleichbares geschieht? Fragen über Fragen, die schwer zu beantworten sind. Für Schwarze in Südafrika ist das gemeinsame Tanzen und Singen eine besonders intensive Form der Verständigung, die weit über die sprachliche Begegnung hinausgeht. Es ist eine besondere Form der Lebensbewältigung.

In dieser Tradition ist auch das weltberühmt gewordene Musical *Sarafina* einzuordnen, zugleich ein Vorbote einer neuen Kultur, in der afrikanische und europäische Wurzeln zu einer Einheit verschmelzen und dabei etwas ganz Neues schaffen. Bewußt aussparen möchte ich die Diskussion, ob das Musical nicht eher Agitprop als Kunst ist. Wenn Menschen sich in einem Theaterstück wiedererkennen und es ihnen hilft, ihre Probleme besser zu artikulieren und danach zu bewältigen, wird die Frage, ob Kunst oder Nichtkunst, zweitrangig. Nach Behebung der Probleme braucht das Stück ja nicht mehr gespielt zu werden, wenn es nicht entspricht.

Sarafina bringt Soweto als Musical auf die Bühne, es beschreibt den Wunsch der Bevölkerung nach Beendigung des Status quo und nennt eine Reihe von schwarzen Politikern, die lange im Gefängnis sitzen oder saßen. Es beschreibt aber auch die Situation in Soweto, wenn die Polizei die dem Staat gefällige Ordnung wiederherstellt:

The young men are all dead
Oh, my God, the children weep
Our fathers languish in prison
Our mothers are all alone
Where is Mandela, Mxenge and Sobukwe?
Where is Mandela, Mbeki and Sisulu?
Answer me if you can
There is no more hope for the peace!
People dying, people crying
Wo, people cant't take it easy.

Das Musical *Sarafina* nennt auch die schlechtere ökonomische Position der Schwarzen:

Those times of depression
Don't let them bring you down, Mama
Those times of loss
Don't let them bring you down, Mama
When there's nothing there to eat
No soap, no money for the family
Oh, Mama, Mama
Oh, when you cannot find a job and you need consolation
Oh, mama, mama
And all of us who cling unto you and cry
Mama, mama, woza Mama
Those times of loss,
Dont't let them bring you down, Mama.

Wer möchte bei diesen Klagen über die Ungerechtigkeit wirklich nur über ästhetische Probleme diskutieren? Ich kann mich genau erinnern, daß im österreichischen Fernsehen das Musical *Sarafina* vorgestellt worden ist und gemeint wurde, das Stück sei politisch ungeheuer interessant, auch musikalisch böte es einiges, weil die afrikanischen Elemente äußerst faszinierend sind, doch als Musical im Sinne eines Musicals sei *Sarafina* doch nur sehr bedingt zu sehen. Diesen Zynismus angesichts der brennenden Seele halte ich für unangebracht.

Im *Market Theatre* sind Veranstaltungen möglich, die keine Scheu haben, Verhältnisse so zu nennen, wie sie sind, inhuman. Es leistet täglich einen mentalhygienischen Beitrag in einem Land, in dem die Zeichen zwar Veränderung ankündigen, doch viele Menschen nicht wirklich wahr haben wollen, daß die Apartheid ein Gesellschaftsmodell für den Misthaufen der Geschichte ist. Im Market Theatre wurde ich auch eingeladen nach Soweto zu kommen, um mit Menschen zu reden, um zu sehen, wie sie leben.

Unweit des *Market Theatre* liegt die *Diagonal Street*, sie bildet gewissermaßen eine Art Grenze des nicht offiziell als Finanzdistrikt deklarierten Areals. Dort entstand eines der bizarrsten Gebäude, der mit Spiegelglas verkleidete Büroturm der neuen Börse. In dieser gleißenden Pracht spiegeln sich die auf der anderen Seite der Straße liegenden Läden schwarzer Händler. Da die Geschäfte nicht abgerissen werden konnten – jeder Quadratmeter Boden ist offiziell einer ethnischen Gruppe zugeordnet –, beschränkte man sich auf die frische Färbelung der Fassaden. So spiegelt sich ein Stück architektonische Vergangenheit in einem futuristisch anmutenden Gebäude, ein Stück schwarzer Basis in Spiegeln der Hochfinanz. Spiegelglas gibt keinen Blick frei ins Innere. In Südafrika, wo durch die besondere Situation alles eine besondere oder merkwürdige Bedeutung bekommt, hat auch dieses Gebäude seine Aussagekraft für die Beziehung zwischen Schwarz und Weiß.

Der schwarze Lebensraum

Der für europäische Ohren so afrikanisch klingende Name Soweto ist eigentlich nichts anderes als die Abkürzung von South Western Townships. Dieses Stadtkonglomerat, manche nennen es nicht zu Unrecht, Antistadt, liegt eigentlich auf weißen Territorium, daher können Häuser von Schwarzen nur für 99 Jahre gekauft werden. Der Boden bleibt offiziell weiterhin „weiß“.

Bis 1975 war es den meisten Schwarzen nur gestattet, Häuser in weißen Gebieten zu mieten. In der Folge bürgerte sich die Praxis ein, „geeigneten“ Schwarzen Pachtverträge von 30 Jahren zu gewähren. 1978 wurde es möglich langfristige Pachtverträge von 99 Jahren abzuschließen, 1985 kam das Besitzrecht hinzu. Diese gesetzlichen Regelungen stellen einen Bruch mit den Gepflogenheiten der Apartheidsgesetzgebung dar, weil sie dauerhafte Rechte für Nichtweiße in weißen Gebieten definieren. Allerdings haben diese neuen Regelungen eher symbolischen Charakter, weil die Einkommensverhältnisse der Schwarzen häufig nicht ausreichen, um ein Haus auf 99 Jahre zu erwerben.

Solche Erläuterungen wirken stets ein bißchen hemmend in der Berichterstattung, doch weiß man von den Gegebenheiten nichts, bleibt das Leben in Südafrika völlig unverständlich. Nicht allgemein bekannt sein dürfte, daß generell vier Momente der Ausgrenzung der Nichtweißen aus Südafrika auszumachen sind. Flächenmäßig am größten sind die *Homelands*. Das bedeutet die völlige

Ausgrenzung aus Südafrika, die bis zur Aberkennung der Staatsbürgerschaft gehen kann. In der Nähe der Minen gibt es *Compounds*, das sind lagerähnliche Gebilde mit sehr unterschiedlichem Standard. Je nach Errichtungsdatum schwanken die Ausstattungen. Grundsätzlich ermöglichen *Compounds* die kontrollierte Anwesenheit größerer Gruppen schwarzer Arbeiter im weißen Siedlungsgebiet. Im städtischen Bereich wurden *Townships* errichtet, eigene stadtähnliche Gebilde, die Nichtweißen vorbehalten sind und die einen Siedlungsraum im weißen Gebiet eingrenzen. Als Relikt aus kolonialer Zeit erscheinen die Dienstbotenquartiere, eigene Behausungen neben dem Haus der weißen Familie, eigene Wohnblöcke in unmittelbarer Nachbarschaft zur Arbeitsstelle, und auf den Dächern der Hochhäuser neben den Liftschächten und Fernsehantennen kleine gemauerte Zellen, in denen das Personal Unterschlupf finden kann. Im Volksmund der Schwarzen werden diese Quartiere in luftiger Höhe „Wohnungen im Himmel“ genannt.

Die räumliche Trennung unterschiedlicher Rassen, ich bediene mich der offiziellen Termini nicht, weil ich sie billige, sondern um genauer zeigen zu können, worum es eigentlich geht, hat ihre Wurzeln in der Annahme, jede Berührung unterschiedlicher Rassen bringe automatisch Konflikte hervor. Da humangeographische Faktoren zu beeinflussen sind, setzte das System der Apartheid alles daran, das Land mittels des *Goup Area Act* von 1950 zu teilen. Der ehemalige Innenminister Dönges erläuterte das Einbringen der Gesetzesvorlage im Parlament:

> Dieses Gesetz wurde entworfen, um die Reibungen zwischen den Rassen in der Union zu verhindern, denn wir glauben, ja, wir sind der festen Überzeugung, daß Berührungspunkte, alle unnötigen Berührungspunkte, zwischen den Rassen zu vermeiden sind. Wenn wir die Berührungspunkte auf ein Minimum reduzieren, reduzieren wir damit auch die Möglichkeiten

von Reibungen ... Menschen unterschiedlicher Rassen zusammenzubringen, bedeutet, Rassenkonflikte zu schaffen.

Fortgeführt und ergänzt wurde die Argumentation von Innenminister Dönges durch den Ministerpräsidenten Verwoerd:

Dr. Malan hat es gesagt, Mr. Strijdom hat es gesagt, ich habe es wiederholt gesagt und möchte es wieder sagen: Die Politik der Apartheid entwickelt sich immer weiter in die Richtung zunehmender getrennter Entwicklung mit dem Endziel totaler Rassentrennung in allen Bereichen. Jeder weiß, daß dies zur Zeit noch nicht praktikabel ist, daß es auch nicht in wenigen Jahren erreicht werden kann, doch es weiß auch jeder, daß ein klares und genau umrissenes Ideal – also letztlich auch die völlige territoriale Rassentrennung – sogar in diesen Zeiten verwirklicht werden kann.

Von diesem Ideal der Rassentrennung ist Südafrika heute so weit entfernt wie damals. Schon Verwoerd mußte eingestehen, daß „dies zur Zeit nicht praktikabel ist", und man kann getrost annehmen, daß diese Zeit auch nie kommen wird. Zwar wurde die Trennung vorangetrieben, unermeßliches Leid der Bevölkerung zugefügt, doch sprechen die historischen Erfahrungen eindeutig für ein kulturelles und rassisches Miteinander, nicht für die Segregation. Schon für die Besiedlung Südafrikas durch Weiße, die Landnahme ging vom Süden aus und setzte sich nach Osten und Nordosten fort, läßt sich sagen, ohne den Handel mit den Khoikhoi (Hottentotten) und den San (Buschmännern) und ohne die Arbeitskraft der heimischen Bevölkerung hätte es ein Überleben der Siedler kaum gegeben. 150 Jahre besiedelten Holländer im Auftrag einer Handelsgesellschaft den Streifen am Kap, und da sie ohne Frauen gekommen waren, lebten sie mit Frauen der angestammten Bevölkerung, wie den Nama und den Khoikhoi oder unterhielten geschlechtliche Beziehungen zu Sklavinnen, die von den ostindischen Inseln, aus Westafrika, Madagaskar und auch Mozambique kamen.

Es ist in diesem Buch nicht der Platz, eine Geschichte der Besiedlung nachzuzeichnen, dafür gibt es eine Vielzahl ausgezeichneter Darstellungen; an dieser Stelle soll nur exemplarisch gezeigt werden, daß das Miteinander eher die Regel und nicht die Segregation, wie die Apartheidbefürworter glauben machen wollen: In dem Gebiet zwischen Indischem Ozean und den nahezu parallel zur Küste laufenden Gebirgszügen wie Winterberg, Stormberg und Drakenberg haben sich gegen Ende des 18. Jahrhunderts Nguni-Völker niedergelassen. Sie waren in „Königreichen" organisiert. Die südliche Region des umschriebenen Gebietes war Schauplatz von Interaktionen zwischen schwarzen Hirtengruppen und Bantus und Buren. Dazu gehörten nicht nur Kämpfe um das Territorium, sondern auch Austausch von Waren und Arbeitsleistungen. Die weißen Pioniere lebten auf niedrigem technischen Niveau und waren ihrerseits auf Produkte angewiesen, die sie von den Buren vom Kap bezogen. Die Ngunis waren in der Rinderzucht und in der Lebensmittelproduktion höher entwickelt als die Pioniere. Schwarze Völker wie die Swazis und die Sothos brauchten Gewehre von den europäischen Siedlern, um ihren Lebensraum erfolgreich verteidigen zu können. Auch das ist ein Beweis, daß Segregation im südlichen Afrika nicht möglich war.

Als Ende des 19. Jahrhunderts in Kimberley Diamanten und in Witwatersrand Gold gefunden wurde, mußte auf die schwarzen Arbeitskräfte zurückgegriffen werden, weil die Anzahl der Weißen nicht ausreichte, um die Vorkommen erfolgreich abbauen zu können. Zwar versuchte man chinesische Arbeiter einzuführen, um die Industrialisierung bewerkstelligen zu können, nur endete dieser Versuch erfolglos, sodaß der chinesische Bevölkerungsanteil in Südafrika keine nennenswerte Rolle spielt. Für die später hinzukommende intensive Landwirtschaft für den Export und den Aufbau einer Industrieproduktion, die für afrikanische Verhältnisse einmalig ist, war man erneut auf afrikanische Arbeitskraft angewiesen. Das Industriekapital der Weißen ließ sich nur deswegen in Südafrika so akkumulieren, weil ein Heer an Arbeitskräften zur Verfügung stand.

Das alles belegt eindeutig, daß Isolierung einzelner Völker, Stämme oder Rassen nie wirklich funktioniert hat. In der wissenschaftlichen Literatur wird in diesem Zusammenhang gern von „pluralen Gesellschaften" gesprochen, das heißt, jede Gruppe hält sich an ihre eigene Religion, Sprache, Gebräuche, Vorstellungen und Kultur. Dieses Konzept ist in Südafrika nur bedingt anzuwenden:

Da gibt es neben der Mischung ethnische Gruppen, die ihr Eigenleben führen. Und das macht die Einschätzung gar so schwierig.

Soweto, das anstelle der *Slumyards*, seit seiner Gründung im Jahr 1963 die Schwarzen beherbergen soll, ist ein Schmelztiegel der einzelnen Völker ebenso wie eine Ansammlung von einander ablehnend gegenüberstehenden Ethnien. Es besteht aus 31 Stadtteilen. Soweto wird von einer eigenen Verwaltung de jure geleitet, die jedoch nicht den Autonomiegrad hat, wie er von den Schwarzen gewünscht wird. Der große Unterschied zu den früheren *Slumyards* besteht darin, daß dort Menschen lebten, weil sie arm waren. Das bedeutet, sie waren zumeist schwarz. In Soweto hingegen leben die Menschen deswegen, weil sie schwarz sind.

Soweto wird in den meisten Publikationen als *Slum* beschrieben, was so nicht richtig ist. Verglichen mit den armseligen Wohnmöglichkeiten in Cairo, Alexandrien, Lagos und vielen anderen afrikanischen Städten, ganz zu schweigen von asiatischen und südamerikanischen Beispielen, ist Soweto durch einen höheren Lebensstandard ausgezeichnet. Die berühmten Vier-Zimmer-Häuschen, auch Streichholzschachteln genannt, haben 56 Quadratmeter Fläche und stehen üblicherweise auf einem Grundstück von 350 Quadratmeter. Sechs Personen sollen in solch einem Haus Unterschlupf finden, tatsächlich warten tausende Menschen auf eine Unterkunft, daher sind die Häuser alle überbelegt, was sich auf die Wohnqualität negativ auswirkt. Die Statistik sagt also über den Standard gar nichts aus.

Eine Vielzahl der Häuschen weist eine Reihe von baulichen Veränderungen auf, um Platz für Untermieter zu schaffen, die gehörig zur Kasse gebeten werden. Damit ist jeder Haushalt größer als vorgesehen und größer auch als offiziell erlaubt, was wiederum Menschen in die nachteilige Position bringt, im Dunstbereich der Illegalität zu leben.

Soweto hat Schnellstraßen, Zentren, Parkanlagen, Bahnhöfe, Schulen, Kirchen, Postämter, Kindergärten und das größte Spital auf dem afrikanischen Kontinent, das Baragwanath-Hospital mit 35 Operationssälen und 3.000 Betten, sowie zehn weitere Polikliniken. Und doch ist Soweto keine richtige Stadt: Täglich pendelt mindestens eine halbe Million Menschen nach Johannesburg zur Arbeit.

Was Soweto fehlt, ist die eigene wirtschaftliche Entwicklung. Jeder, der durch Länder der Dritten Welt reist, kann unschwer feststellen, daß eine rege Kleinproduktion und Kleindistribution von Waren zahlreichen Menschen Arbeit und Verdienst bieten. So gelingt es oft den Ärmsten noch eine ökonomische Nische zu finden, in der sie arbeiten können, um sich die Grundlagen für ihr Leben, das meist mehr schlecht als recht ist, zu schaffen. Aber durch eine besondere Form der Gesetzgebung, die weit über die einfache Trennung der Farben weiß und nichtweiß hinausgeht, wird Soweto auf eine Schlafstadt reduziert und somit eine freie Entwicklung dieses informellen Sektors behindet. Wäre Soweto einfach nur für Nichtweiße reserviert, dann müßte es eine blühende Stadt sein mit Wolkenkratzern, Highways, Bankgebäuden, Hotels, Warenhäusern, Arbeitsstätten, kurz allem, was eine Stadt zu einer Stadt macht. Mit allen guten und schlechten Eigenschaften , wie sie nahezu allen Städten eigen sind. Dann müßten Kritiker sagen können, Soweto ist eine Profitopolis wie alle anderen Städte auch, die im kapitalistischen Wirtschaftsbereich liegen. Und genau das ist Soweto nicht. Da können auch Nobelviertel wie Dube und Pimville nichts daran ändern, da hilft es auch nicht, wenn man hört, daß in Soweto mehr schwarze Millionäre leben als in ganz Schwarzafrika und daß drei Prozent der in Soweto gemeldeten Autos Mercedes sind. Auch die gewaltigen Leistungen des Baragwanath-Hospitals, in dem angeblich zwei Millionen Patienten jährlich behandelt werden, darunter 150.000 als Opfer von Unfällen und brutaler Gewalt, 28.000 Geburten im Jahr, 390.131 sogenannte Tagespatienten und 117.917 stationäre Kranke können über den Mangel nicht hinwegtäuschen: Soweto ist keine Stadt. Daran können auch einzelne Superlative nichts ändern, wie beispielsweise das Bara, das von anderen schwarzafrikanischen Staaten die schwierigsten Fälle übernimmt, weil nur dort jene Spezialisten tätig sind, die äußerst komplizierte Eingriffe durchführen können.

Soweto, wie die anderen Townships auch, zeigt das grundsätzliche Problem des Landes. Die Welt der Schwarzen ist das Produkt der ökonomischen Kontrolle, die der Staat ausübt. Nahezu alles wird überwacht, reglementiert und verwaltet. Wenn hingegen ein Weißer ein Geschäft eröffnen will, füllt er ein Formular aus, sucht sich ein Lokal, einigt sich über den Mietvertrag mit dem Hausherrn, läßt einige Gesundheitskontrollen über sich ergehen, die verpflichtend sind; und schon kann er sein

Glück versuchen. Kein Mensch fragt, ob der Bedarf für das Geschäft gegeben ist, wie der finanzielle Hintergrund im Fall von Durststrecken aussieht; die offiziellen Anforderungen, um Geschäftsmann zu werden, sind erstaunlich niedrig, sodaß viele Europäer in Südafrika ihr Glück versuchen. „Nennen Sie mir ein Land, in dem ich ohne Gewerbeschein, ohne großes Theater ein Geschäft eröffnen kann, ohne nix, wie man in Wien sagt", fragt mich ein Wiener in Johannesburg.

In Wien hätte ich mit meiner Ausbildung Ziegel geschupft, hier habe ich ein Lebensmittelgeschäft, das von Milch bis Zigaretten alles verkauft. In Wien hätte ich mich blöd geschuftet, hier habe ich eine Reihe von Angestellten, denen ich am Anfang zeigen muß, wer der Herr ist, das kapieren die dann und wir kommen blendend miteinander aus,

erklärte mir dieser Wiener, den, wie er betont „keine sieben Rösser" in die Alpenrepublik zurückbringen können. „Bürokratischer Scheiß, wohin man schaut. Nein danke."

Was für den Weißen gilt, gilt für den Schwarzen nicht. Wenn er ein Geschäft eröffnen möchte, beginnt ein Spießrutenlauf, der viele scheitern läßt. Bevor überhaupt ein Geschäft eröffnet werden kann, muß beim Amt um die Zuweisung eines Platzes nachgefragt werden. Nun beginnt das Amt zu handeln. Ein solches Gesuch kann sofort abgewiesen oder aber die amtliche Bewilligung hinausgezögert werden. Ablehnungen können, müssen aber nicht begründet werden. Manche Beamte bedeuten dem Antragsteller, daß gewisse Geldzuwendungen durchaus in der Lage wären, den Amtsschimmel zu schnellerer Gangart zu veranlassen. Vielleicht hat der Beamte auch Verwandte, denen er verpflichtet ist. Für diese hält er Plätze frei, um im Bedarfsfall behilflich sein zu können. Brutal ausgenützt wird auf jeden Fall die Rechtsunsicherheit der Schwarzen. Wer kennt sich im Paragraphendickicht schon wirklich aus?

1988 gab es in der Tat bedeutende Veränderungen für die schwarze Bevölkerung im wirtschaftlichen Bereich: Nach dem *Development Trust and Land Act* von 1936 mußten alle Händler und Professionisten jährlich (!) beim Minister um die Verlängerung der Lizenz ansuchen. In diesem Gesetz fand sich auch eine Bestimmung, die schwarzen Unternehmungen, die aus mehr als sechs Personen bestanden (ausgenommen Gemeinschaften, die als Stämme bezeichnet werden), den Erwerb von Land ohne ministerielle Genehmigung verbot.

Aus dem Jahr 1968 stammt die Bestimmung *Control of Certain Activities in Black Areas*: Einer schwarzen Person und/oder deren/dessen Gattin oder Gatten war es verboten, innerhalb eines Radius von zwanzig Meilen des bestehenden Geschäfts ein zweites zu eröffnen. 1988 wurden durch die Aufhebung der *Regulation 1036* und der *Proclamation 293* maßgebliche Erleichterungen für die Entfaltung der nichtweißen Wirtschaft geschaffen: Damit ist die Vorgabe, daß Townships ausschließlich für das Wohnen genützt werden dürfen, hinfällig. Die Bestimmung, daß Schwarze nur mit Genehmigung Geld aufnehmen und Profite teilen dürfen (und zwar mit Nichtschwarzen), ist gefallen. Auch das Anstellen von Nichtschwarzen ist erlaubt, die Geschäftsbücher dürfen nur mehr von Steuerbeamten kontrolliert werden und nicht mehr von irgendwelchen Townshipbossen, die dem Händler häufig das Leben schwer gemacht haben, waren sie doch zuständig für die Löschung der Geschäftsbewilligung.

Diese Gesetze, die als grauenhafte Folgeerscheinung des *Natives Land Act* von 1913 zu sehen sind (dieser teilt das Land in Weiß und Nichtweiß), haben den Schwarzen jede Möglichkeit genommen, den Weißen Konkurrenz zu machen. Es kann daher auch nicht wundern, daß Schwarze die Apartheid stets mit dem Kapitalismus gleichsetzen. Im Gegensatz dazu sehen Europäer in der

Apartheid eher ein Hindernis für das Geschäftsleben. Warum setzen sich weiße Südafrikaner, die meist leitende Funktionen im Wirtschaftsleben innehaben, heute für die Aufrechterhaltung der Apartheid ein, wenn diese die marktwirtschaftliche Entwicklung des Landes behindert? Die Gründe dafür sind mannigfaltig: Die weiße Bevölkerung hat sich und die anderen mit der Apartheidspolitik selbst in eine politische Sackgasse hineinmanövriert. Zudem ist dadurch ein gegenseitiges Kennenlernen unmöglich geworden und ein Herr-Diener-Verhältnis zementiert worden. Dazu kommt die Furcht vor der politischen Dominanz der Schwarzen, die mit der Angst vor einem wirtschaftlichen und politischen Chaos verbunden ist. Weiters müßten viele liebgewordene Privilegien aufgegeben werden. Die von den Nichtweißen erwartete Lösung, Beteiligung aller Südafrikaner an der politischen Macht ohne Ansehen ihrer Hautfarbe, ist für viele Weiße schwer vorstellbar, weil sie Angst haben, dadurch ihr Gesicht zu verlieren. Sämtliche Ideale der weißen staatstragenden Schicht, die in den letzten vierzig Jahren gültig waren, wären plötzlich hinfällig.

Die Gesetze, die jahrelang die Mehrheit der Bevölkerung von der aktiven Seite des Wirtschaftslebens ausgeschlossen haben, sind, meiner persönlichen Meinung nach, der schlagendste Beweis für die Angst der Weißen vor den Schwarzen. Wären die Menschen, die so verächtlich Kaffern genannt werden und angeblich nur dann funktionieren, wenn sie den *Sjambok* (Peitsche) kosten dürfen, wirklich so unterbelichtet und nicht fähig sich anzupassen, dann hätte es diese Gesetze nicht geben müssen. Nur ist das Problem noch viel tiefgehender; jener Deutsche, den ich an der Spitze des *Carlton Centre* getroffen habe, und der nur Negatives über die Bewohner von Soweto und auch die anderen Schwarzen zu erzählen wußte, glaubt an das, was er sagt. Ich habe häufig weiße Südafrikaner getroffen, Weiße unterschiedlicher Herkunft, die von den faulen, stinkenden, uninteressierten Negern erzählten. Sie waren selbst nie in Soweto, in keiner anderen Township, in keinem Compound, in keinem Homeland, es sei denn auf der Durchreise oder auf Besuch in einem der Hotels, die internationalen Standard aufweisen. Sie haben auch nie ihre Angestellten in den Zementlöchern am Dach besucht; sie haben Schwarze nur als Untergebene, Dienstbeflissene, servil Lächelnde erlebt. Über den Graben, der sich zwischen den Hautfarben auftut, gibt es kaum Verständigungsmöglichkeiten. Als Gruppen können einander die Menschen gar nicht mehr gegenüberstehen. Das System hat ganze Arbeit geleistet. Begegnungen sind nur individuell möglich. Wobei einem Weißen stets klar sein muß: läßt er sich zu sehr mit Nichtweißen ein, wird er von seiner eigenen Gruppe zumindest schief angesehen, wenn nicht gesellschaftlich isoliert.

Nur soviel sei an dieser Stelle noch gesagt: Die Weißen fordern in Südafrika immer wieder Garantien für ihren Schutz, damit bringen sie sich zwangsläufig in die Isolation, aus der sie ohnehin nur schwer herauskönnen. Fordern müßte man wohl Garantien für alle, eine *Bill of Rights* für alle Südafrikaner, unabhängig von ihrer Hautfarbe und ihrer ethnischen Zugehörigkeit, die sie selbst bestimmen können müssen. Bei Verwirklichung dieser *Bill of Rights* bräuchte es keine Sonderregelung für eine Gruppe mehr zu geben. Diese Überlegung sei mit aller Bescheidenheit gesagt, denn Völker, die ihre Probleme lösen, brauchen selten den Rat eines Außenstehenden.

1988 war das Jahr von Veränderungen in den gesetzlichen Bestimmungen: Diskriminierende Maßnahmen wurden aufgehoben. An der Richtigkeit dieses Schrittes nach vorn zweifeln nur die Verkrampten. Auswirkungen, die im Stadtbild ihren Niederschlag finden, lassen sich nicht erwarten.

Um zu verhindern, daß der Eindruck entsteht, die Regierung Südafrikas hätte mit dieser Neuordnung der Gesetzeslage, den Schwenk zur politischen Avantgarde vollzogen, müssen noch einige Ergänzungen nachgetragen werden. Trotz der restriktiven Gesetzeslage ist in den Townships eine Schattenwirtschaft entstanden. Es gibt Elektriker, Maler und Anstreicher, Kesselflicker, Tapezierer, Installateure, Dachdecker, ja selbst Möbelfabrikanten, Kleidererzeuger. Gewerbe im weitesten Sinn ist in der Illegalität entstanden, häufig sehr geschickt verdeckt, weil viele der genannten Berufe keine eigene Werkstatt erfordern. Die Waren der eigenen Erzeugung, auch da läßt sich über Mittelsmänner das eine oder andere Arrangement treffen, fanden und finden ihren Weg in die weißen Geschäfte.

Es versteht sich, daß unter solchen Bedingungen das organisierte Verbrechen gedeiht. Angeblich sind an die 900.000 Personen damit beschäftigt, Waren aus illegalen Produktionsstätten in Geschäfte zu bringen, wo sie offiziell verkauft werden. Sollte die Zahl stimmen, dann sind in diesem Teil der Schattenwirtschaft um 150.000 Menschen mehr beschäftigt als es Minenarbeiter in Südafrika gibt.

20.000 illegale Hinterhofläden werden in Soweto und am Witwatersrand vermutet, die jährlich drei Milliarden Rand umsetzen. Gehandelt wird von Lebensmitteln bis zum Schulbuch alles, nur leicht verderbliche Waren wird man eher vergeblich suchen, weil in illegalen Geschäften nur schwer größere Kühlschränke unterzubringen sind.

Selbstverständlich zeigt diese Schattenwirtschaft, daß die Ausschaltung der Schwarzen aus dem Konkurrenzverhältnis mit den Weißen gescheitert ist; daß die Idee, aus Townships reine Schlafstädte zu machen, völlig unhaltbar ist, und Menschen in einem Zustand der Illegalität gehalten werden. Scharfe Kontrollen bringen stets Beweise für Verhaftungen. In diesem Dunstkreis entsteht eine merkwürdige Verbindung von Geschäft, Korruption und Kriminalität, die üppig wuchert. Der einzige, der wirklich Schaden nimmt an diesen gesetzlichen Regelungen, ist der Staat: Diesem entgehen Steuern, dafür zahlt er Beamte (vielleicht auch Spitzel?) und muß dabei feststellen, wie diese durch illegale Zuwendungen großzügig übersehen anstatt anzuzeigen. Daher war der Gedanke naheliegend, den gesetzlosen Zustand in einen gesetzlichen umzuwandeln. Es ist auch völlig unvorstellbar, daß in einer Township, in der keine Bleistifte verkauft werden dürfen, Mütter in die nächstliegende Stadt fahren, um den Bedarf ihrer Kinder zu decken. Solche Handelsbeschränkungen müssen zwangsläufig zu illegalen Geschäften führen.

Mich erfüllten solche Hinterläden immer mit Freude: Väterchen Staat kann lenken wie er will, wenn er zu sehr an den Bedürfnissen der Menschen vorbeilenkt, organisieren sich Menschen, um zu überleben. Die Schwarzen Südafrikas sind zu wahren Meistern des Überlebens geworden, zumindest, was den Handel betrifft. Warum sie nicht ebenso geschickt Alternativen in demokratischen Strukturen aufgebaut haben, ist für mich eine offene Frage. Wer so trickreich ein Versorgungsnetz spannt, müßte auch ein alternatives Schulsystem organisieren können.

Ein besonderes Problem in Südafrika ist der öffentliche Verkehr. Ich will mir den Vergleich sparen, daß in anderen schwarzafrikanischen Staaten das Busservice, die Bahnlinien und die Flugzeuge noch schlechter funktionieren, doch für den Standard, den das Land vorgibt zu haben, läßt sich dagegen beispielsweise behaupten: Wer von Johannesburg nach Kapstadt mit dem Luxusbus oder mit einem bequemen Zug fahren will, der wird keine Schwierigkeiten haben, wer jedoch innerhalb von Johannesburg von einem Viertel ins andere will, der braucht entweder ein eigenes Auto, oder nimmt sich ein Taxi oder einen privaten Minibus, wenn er nicht zu Fuß gehen will. 100.000 Unternehmer gibt es bereits in Südafrika, von denen 45.000 Mitglieder bei der *South African Taxi Association* (SABTA) sind. Mit diesen Minibussen kann man nach Soweto, werden in abgelegenen Orten Bevölkerungsteile mit einer Transportmöglichkeit bedient, das überaus effizient ist.

Möglich wurde dies, weil die Regierung auf restriktive Eingriffe verzichtete: 1981 empfahl die *Welgemoed Commission* noch das Verbot von Minibussen. Heute wird das Service nicht nur von Nichtweißen voll akzeptiert, sondern auch in zunehmendem Maße von Weißen, die oft zu ihrem Schrecken einsehen müssen, daß im Nahversorgungsbereich nichts besser funktioniert als das System der privatwirtschaftlich organisierten Minibusse. Um ein wenig die Bedeutung von SABTA zu zeigen, einige Zahlen: Jährlich kaufen SABTA-Mitglieder 3.600 Minibusse, 800 Millionen Liter Benzin, eine Million Reifen. Eine Milliarde Rand werden jährlich für Autos, Ersatzteile, Versicherungen und alles andere aufgewendet.

Den schwarzen Lenkern wird nachgesagt, sie führen besonders gefährlich, verursachten mehr Unfälle als andere. Die Statistik spricht eine andere Sprache: Im Vergleich zu allen anderen Transportmitteln haben die Minibusse die geringste Todesrate pro Kilometer.

Eigentlich ein voller Erfolg für das Kleingewerbe, das nur Schutz bräuchte, um die Kriminalität zu verringern. Aus Gesprächen mit Minibusfahrern ging hervor, daß illegale Absprachen über die Verteilung der Posten entscheiden. Wer keinen Freund hat, der wieder einen kennt, der Zugang hat zu jenen Menschen, die Minibusse besitzen, wird kaum Fahrer werden können. Ohne zu Schmieren dürfte es sehr schwierig, wenn nicht gar unmöglich sein, Fahrer zu werden beziehungsweise zu bleiben.

Schwarze werden bei Gesprächen über diese Probleme sehr schweigsam, sie erzählen, daß sie Beschützer und Freunde bezahlen, doch mir war es nicht möglich, die Höhe der Schutzgelder zu erheben. Weißen, die aus naheliegenden Gründen gegen den Einstieg schwarzer Südafrikaner in den „informellen“ Sektor der Wirtschaft sind, stellen fest: „Die alles beherrschende schwarze Mafia ist ein Beweis für die demokratischen Unreife der Kaffern“. Sie wollen nicht wahrhaben, daß in Südafrika Reserveheere an Arbeitslosen jede Möglichkeit nützen müssen, um zu einer Beschäftigung zu kommen.

Dazu kommen die Behinderungen im wirtschaftlichen Alltag: Ein Schwarzer, der gerne ein Unternehmen gründen möchte, und seit der Abschaffung einer Reihe von einschneidenden Gesetzen eher eine Möglichkeit hätte, seine Ideen zu verwirklichen, hat mit großen Schwierigkeiten zu kämpfen. Die einen wollen ihm keinen Kredit geben, weil sie viel zu viel Angst haben, daß sie ihr Geld nie mehr sehen werden, die bürokratischen Hürden können unüberwindlich sein, die Geschäftswelt ist noch nicht darauf eingestellt, daß Schwarze wie Weiße eigenständig Entscheidungen treffen, die anderen, die meinen, daß Schwarze gar nicht in der Lage sind, ihre Geschicke selbst zu bestimmen, wollen Almosen für die armen Mitbürger. Doch die brauchen kein Almosen, sondern Hilfe zur Selbsthilfe.

Um das Problem noch deutlicher zu zeigen, muß die Formulierung, daß Schwarze wie Weiße eigenständig Entscheidungen treffen, noch ein wenig ausgeführt werden. Überbevormundend treten der Staat und die Gemeindeverwaltungen auf. Da werden mit Vergnügen für Fußgänger Bodenmarkierungen gezeichnet, damit ja jeder weiß, auf welcher Straßenseite er zu gehen hat, da werden an Straßenrändern Parkplätze eingezeichnet, wo gar nichts eingezeichnet werden müßte. Platz ist in Hülle und Fülle vorhanden. Und doch: der vorgezeichnete Parkraum umschreibt ein Revier, das man als Lenker vorübergehend besetzen kann. Parkt sich einer zwischen zwei Autos dazu, weil die von der Behörde vorgesehenen Parkräume so großzügig bemessen sind, daß noch ein dritter zwischen den zwei abgestellten Kraftfahrzeugen Platz findet, kann es vorkommen, daß dafür ein Strafmandat verhängt wird. Der Verstoß gegen die staatliche Ordnung verlangt nach Bestrafung.

In scharfem Gegensatz zu dieser engstirnigen Gesetzesstrenge steht eine verblüffende Freizügigkeit:

Auf der Fahrt von Südwestafrika (Namibia) – kein Weißer gebraucht den Ausdruck Namibia, was sich vielleicht durch die Unabhängigkeit nun doch ändern könnte – wurden mein Freund und ich an einer Straßensperre aufgehalten. Alle Autos, die auf dieser Straße unterwegs waren, wurden kontrolliert. Wie in Europa gewöhnt, wollte ich Führerschein und sonstige Papiere vorzeigen. Mein Freund, der seit längerer Zeit in Südafrika arbeitete, meinte, zu solchen Vorbereitungen bestünde überhaupt keine Notwendigkeit. Ein freundlicher weißer Polizist fragte, woher wir kämen, wohin wir wollten und notierte den Namen des Fahrers. Er fragte nach keinem Ausweis, kontrollierte auch nichts an dem Fahrzeug, nachdem er vom Lenker gehört hatte, daß alles bestens sei, wünschte er nur noch gute Fahrt und die Kontrolle war beendet. Er hatte sich auch mit der Auskunft begnügt, daß wir keine Waffen mitführten. Eine Inspektion des Kofferraums oder des Wageninneren unterblieb. Mein Freund erklärte dies mit der hier verbreiteten Ansicht: Ein Weißer lügt nicht. Das weiß jeder Polizist, daher braucht er auch nicht zu kontrollieren. Das Wort eines Weißen ist über jeden Zweifel erhaben.

Von solchen Voraussetzungen ausgehend kommt es in Südafrika zu den merkwürdigsten Situationen. Ein Weißer, der mit Vorliebe abgestellte Autos aufbrach, konnte monatelang nicht gefaßt werden. Wurde er zufällig von einem Polizisten beobachtet, wie er sich gerade abmühte, ein Fenster einzuschlagen, brauchte er nur zu sagen, ich habe meinen Schlüssel verloren. Sofort war ihm der Hüter des Gesetzes behilflich. „Ein Weißer lügt nicht". Und da wir alle Mitglieder desselben weißen Stammes sind, was bei genauerer Betrachtung nicht stimmt, wird grundsätzlich geholfen. Der Autodieb wurde lange Zeit vergeblich gesucht. Solche Taten schreiben Weiße gewöhnlich nur Schwarzen zu. Diese, das ist in Südafrika auch sehr häufig von Weißen zu hören, stehlen, wann und wo sie nur können. Daß bei einer derarten Erwartungshaltung, der weiße Automarder kaum dingfest gemacht werden konnte, liegt auf der Hand.

Nun sind in Südafrika solche Denkschemata lange eingeübt worden: „Weiß ist ehrlich und vertrauenswürdig, Schwarz muß beobachtet werden, stiehlt gerne, ist faul, nicht unternehmungsfreudig." Wie ungeheuer schwierig muß es für einen Schwarzen sein, an Bewilligungen und jene Kredite zu kommen, die er für den Aufbau eines Unternehmens braucht. Bei der Kreditbeschaffung finden sich Schwarze schnell in einer Grauzone, in der auch illegales Geld fließt, Geld zu überhöhten Zinsen geliehen wird und Abhängigkeiten entstehen, die das Leben erschweren. Beamte erlangen unter diesen Bedingungen leicht übermäßige Macht über die Bittsteller.

Ich möchte an dieser Stelle nicht verabsäumen zu sagen: Nach meiner Meinung ist das Problem, das offiziell als Gegensatz zwischen Schwarz und Weiß genannt wird, auch ein Problem der Bürokratie, die sich an die Tatsache gewöhnt hat, Macht ausüben zu können. Letztlich wäre es für den einzelnen völlig unerheblich, ob der aufgeplusterte, selbstgefällige, sich in Zeitlupentempo Bewegende, Schwarz, Weiß oder Coloured ist. Die traurige Wirklichkeit besteht jedoch darin, daß mit der Zuordnung der Rollen – hier die Machtposition, da die des Bittstellers – fast immer und überall mit der Hautfarbe in schrecklicher Weise korreliert.

An die 500 Gesetze, Verordnungen, Statuten und Bestimmungen leiten und lenken die Wirtschaft, nahezu alle gelten für Menschen aller Hautfarben, nur für die Asiaten gibt es sechs eigene, für die Coloured fünf spezielle und für die Schwarzen achtundzwanzig besondere. Gesetze wie der *Group Area Act* betreffen jede ethnische Gruppe anders. Die genannten Zahlen sollen nur beweisen, welche schier unübersehbaren Kombinationsmöglichkeiten sich bieten, um Beamten Macht zu verleihen. Manche dieser Bestimmungen sind selbst beim Zugeständnis, daß menschliches Zusammenleben gesetzlich fixierter Normierung bedarf, als übertrieben zu bezeichnen. Die abenteuerlichste Verordnung betrifft Artikel 130 im Paragraphen 2 der Bestimmung 10, Anhang 6 zum *Trade Metrology Act* (Nr. 77) des Jahres 1973, in dem Toilettenpapier definiert wird: Es darf nur Toilettenpapier verkauft werden, das um eine Rolle gewickelt ist, deren maximaler Innendurchmesser vierzig Millimeter beträgt.

Gewiß, es entbehrt nicht einer bestimmten Portion an Zynismus, ausgerechnet solch eine Bestimmung zu nennen, doch anhand dieser Maßlosigkeit von bürokratischem Getue (die europäischen Staaten sind auch nicht besser) wird deutlich, wie sich eine Bürokratie auszuleben versteht. Und einer wild gewordenen Bürokratie gegenüber will ich mich gar nicht anders als zynisch verhalten. Vielleicht ist auch das eine Art von Selbstschutz?

Begegnungen mit der Bürokratie bedeuten häufig Leiderfahrungen. Das gilt im besonderen Maße für Menschen, die in Südafrika schon durch ihre Hautfarbe auf die Verliererseite zu stehen kommen. Für die Weißen eröffnen sich eher Chancen auf Verwirklichung eines leichten und angenehmen Lebens, was auf Englisch treffend mit *easy living* beschrieben wird.

Nicht nur in Johannesburg gehört es zum guten Ton, einen eigenen Swimmingpool oder/und einen Tennisplatz zu haben. Das angenehme Klima unterstreicht den Luxus noch etwas: Durchs ganze Jahr blühen Bougainvilleen, sie werfen ihre Schatten auf gepflegten Rasen. Dienstbeflissen stehen stets freundlich aussehende Boys und Girls bereit. Mit Freunden im Garten sitzend, wenn kühle Getränke gereicht werden und niemand auch nur einen Gedanken daran verschwendet, wer alles wieder wegräumen wird, kann es durchaus gemütlich sein. Abgesehen von den Sonntagen, an denen die dienstbaren Geister frei haben, sind die Möglichkeiten zu einem Fest, an dem die Annehmlichkeiten für die Arbeit entschädigen, stets gegeben.

Für die Schwarzen sieht das Leben ganz anders aus. Sie haben keinen Ort, an dem sie sich treffen können, um geruhsam miteinander zu plaudern. Es gibt keine öffentlichen Einrichtungen für Schwarze. Sie können sich auf leeren Parkplätzen treffen, auf Baustellen, an irgendwelchen Straßenecken, um zu schwatzen, sie können heimfahren, wo sie eigentlich dem Gesetz nach hingehören: Townships oder Homelands. Besonders an Wochenenden, an denen die Weißen in den Gärten oder in den Clubs sich ihres Lebens freuen, wirken die Straßen der weißen Stadtteile wie von Schwarzen bewohnt.

In diesen wenigen Stunden des Zusammenseins kann sich eine Straßenecke in einen Friseursalon, ein Kosmetikcenter, eine Zahnarztpraxis, eine Schnapsbude oder einen Ort der religiösen Begegnung verwandeln. Statistisch gesehen gehört jeder dritte Schwarze einer religiösen Gemeinschaft an, die von den etablierten Amtskirchen als Sekten bezeichnet werden.

Es gehört zu den eindrucksvollsten Augenblicken während einer Reise durch das widersprüchliche Land, Teilnehmer von religiösen Zeremonien zu werden. Nicht die etablierten Rituale von Kirchengemeinden, die durch Missionierung auch schwarze Mitglieder haben, sondern Kirchen, die eine radikale Uminterpretation europäischchristlicher Glaubensinhalte vorgenommen haben. Es gibt wohl keine Township, in der nicht an zahlreichen Stellen gepredigt wird. 3.700 verschiedene religiöse Gemeinschaften versuchen auf ihre Art den schwarzen Menschen zu helfen. Es wäre töricht, über die tiefe Religiosität zu spotten, da sie für die Schwarzen und die Coloured einerseits eine Stütze ist, die Ungerechtigkeiten im Leben zu ertragen, Ungerechtigkeiten, die durch die Apartheid entstehen, und andererseits einen Ersatz bietet für den Verlust an ethnischer Bindung. Was an traditionellen Strukturen zerstört wird, wir werden darauf noch zu sprechen kommen, kann und muß durch eine andere Form der Bindung ersetzt werden, will sich der Mensch nicht in Einsamkeit verlieren.

Gleichzeitig sind die zahlreichen kleinen religiösen Vereinigungen ein Ersatz für politische Betätigung. Man kann in den Townships den Reden zuhören und wird feststellen, daß von politischer Aktion so gut wie nie gesprochen wird. Die religiösen Vereinigungen sind quietistisch. „Wir haben mit Kleinigkeiten nichts vor", sagte mir ein Gläubiger. „Wir wollen das Heil des Menschen, das Jammertal Erde ist für uns nicht von Belang. Wir suchen die Begegnung mit Jesus."

Die religiösen Themen spielen auch in Funk und Fernsehen eine große Rolle. Vertreter unterschiedlicher Glaubensrichtungen sprechen über ihre Vorstellung der Welt, des Jenseits, der Familienordnung, des Verhaltens zu anderen Menschen. Immer wieder schildern Menschen ihr Erlebnis, Gott persönlich kennengelernt zu haben. Seine sanfte Stimme habe sie aufgefordert, Zeugnis von seiner Existenz zu geben, daß die Schwarzen nicht vergessen seien vom großen Vater im Himmel. Auch auf persönliche Anliegen gibt Gott Antworten: Die Frau oder den Mann, also Menschen die man nicht mehr liebt, nicht zu verlassen, das Kind, das in Schwierigkeiten gekommen ist, nicht zu verstoßen. Neben der Lösung der persönlichen Probleme wird die religiöse Betätigung als Erleben von Gemeinschaft und als Fundament einer Utopie des großen Ausgleichs sichtbar:

In manchen religiösen Gemeinschaften ist Christus nicht mehr weiß, er ist durch einen schwarzen Messias ersetzt. Bei den *Nazarites* (*Nazarite Church* in Natal) gegründet von Isaiah Shembe, der zum Gott erhoben wurde, ist die Rassenschranke auf Erden in den Himmel transferiert worden, nur wirkt sie umgekehrt: Wie in der Parabel vom armen Lazarus und dem reichen Prasser, wird dem Weißen der Zutritt in die ewige Glückseligkeit verwehrt. Der an der Pforte stehende schwarze Messias sagt: „Nein, niemand kann zweimal herrschen." Da bahnt sich eine spirituelle Militanz einen Weg zu den Herzen und Gehirnen von Menschen, die lange Zeit das Unrecht ertrugen. Hat die spirituelle Militanz die Menschen wirklich fest im Griff, wird es schwierig werden, dagegen anzusteuern. Beispiele aus anderen Regionen der Welt belegen zur Genüge, welche Macht entstehen kann, wenn Menschen zu lang und zu ausdauernd der Kränkung ausgesetzt sind.

Eher zufällig geriet ich in eine religiöse Zeremonie in Pretoria. Unweit des Zoos befindet sich eine armselige Gegend, die um einen Busterminal liegt. Geschäft neben Geschäft, alles sehr billig für die schwarze Klientel, nicht weniges sieht nach Secondhand aus, obwohl es nicht als solches angeschrieben ist. Zwischen den heruntegekommenen Häusern hausen Menschen hinter Verschlägen, die aus Kisten zusammengezimmert sind. Das sind Lebensbedingungen, die in schroffem Gegensatz zu den vollklimatisierten Hochhäusern stehen, umso drastischer weil die Skyline das Elend in nicht allzu großer Entfernung überragt. Manche der Häuser verraten die Schönheit früherer Zeiten, als das Viertel noch nicht abgewohnt war. Tatsächlich entdeckt man beim Abgehen der Hauszeilen einen Hindutempel. Hier muß also früher ein geschäftiges Treiben indischer Händler gewesen sein. Heute ist der Tempel geschlossen, brennt die Sonne erbarmungslos auf den Staub der Straße, lehnen, liegen, sitzen Schwarze in den Torbögen und beobachten, wie der weiße Eindringling herumstapft. Wahrscheinlich ist die Ratlosigkeit auf beiden Seiten gleich groß. Die Überraschung, daß ein Weißer an einem Sonntag zu Fuß durch dieses Viertel geht, dürfte wahrscheinlich meinem mulmigen Gefühl entsprechen, das sich einstellt: Ich werde zum Zaungast des Elends, der, nachdem er sich sattgesehen hat, zurückgeht in seinen Lebensraum und ein kühles Bier trinkt.

Während ich noch nicht weiß, ob ich weitergehen soll oder mich zurückziehen, sehe ich Männer in sandfarbenen Uniformen harmonisch singen. Sie sind im Kreis aufgestellt, bewegen sich rhythmisch. Ich gehe einige Schritte näher, niemand bedeutet mir, mich zu entfernen, im Gegenteil: Die Gläubigen sehen, daß ich ihre Zeremonie in keiner Weise stören will und bedeuten mir durch Blicke näher zu kommen. Der Gesang der Männer steigert sich langsam, wird zu einem Tanz, der die Menschen zu einem Knäuel zusammentreten läßt, um sie im nächsten Augenblick wieder in die Ordnung der konzentrischen Kreise zurückzubringen. Gleichzeitig treten die Männer erst nur mit dem rechten Fuß stampfend gegen den Boden, gleichsam als Betonung des Taktanfangs. Später stampfen sie mit beiden Füssen, springen hoch und gegen

Ende werfen sich einige federnd in den Liegestütz, springen wieder hoch, um weiterzutanzen. Jeder betonte Taktschlag wird mit einem lauten Ausruf begleitet. Schließlich spaltet sich die Gruppe in zwei Parteien, von denen jede einen Anführer hat, die rituell miteinander kämpfen.

Die Zeremonie endet in einer Umarmung der Männer untereinander, ihre Gesichter sind schweißbedeckt und wirken ausgeglichen ruhig. Unweit davon singen Frauen, die dominierende Farbe ihrer Kleidung ist lila, sie tanzen, wenn auch viel zurückhaltender als die Männer, ihre Stimmen vereinigen sich zu einem Crescendo musikalischer Improvisationen. Danach dasselbe Phänomen: Die Menschen wirken ruhig und ausgeglichen. Das Einsteigen in die Extase war wie eine Kommunion. Mitglieder solcher religiöser Vereinigungen sind durch starke emotionale Bande zu einer Gemeinschaft zusammengeschweißt, die in Krisensituationen auch hilft.

Gemeinschaft als Antwort für entwurzelte Menschen: Von ihren eigenen Territorien vertrieben, in Südafrika als Menschen letzter Wahl behandelt, der traditionellen Beziehungen beraubt.

Noch besser läßt sich das in Townships sehen. Diese begleiten jedes Dorf, jede Stadt in Südafrika. Nach dem *Group Areas Act*, der vorschreibt, daß Menschen unterschiedlicher Hautfarbe in getrennten Wohngebieten leben müssen, gibt es kein noch so winziges Kaff, das nicht einen Zwillingsort hat, in den die Nichtweißen abgeschoben sind. Die berühmteste Township ist das legendäre Soweto, wo nach offiziellen Angaben an die 800.000 Millionen Schwarze leben, einige meinen, die zwei Millionengrenze sei schon erreicht worden. Die Stadt bedeckt 85 km^2 (zum Vergleich, Wien: 1,59 Millionen Einwohner, 414,5 km^2). Sollte die Angabe stimmen, daß 3 Millionen Menschen Soweto bevölkern, dann bedeutet dies annähernd die doppelte Bevölkerungszahl wie Wien auf einem Viertel der Bodenfläche. Die meisten Weißen kennen Soweto nur vom Hörensagen. Sie haben von den Aufständen gehört und wagen es nicht, auf eigene Faust den schwarzen Wohnbereich zu besuchen. Doch ohne Soweto gesehen zu haben ist das Bild, das man von Südafrika bekommt, nicht vollständig. Da die Weißen sich scheuen, in diese vierzehn Kilometer von Johannesburg entfernt gelegene schwarze Stadt zu fahren, kennen sie ihr Land auch nur als Fragment.

Bequeme Luxusbusse fahren regelmäßig nach Soweto, um den Touristen die Möglichkeit zu geben, den Blick in das andere Südafrika zu riskieren. Es ist wie der Blick aus einer Loge, räumlich nahe und doch erschreckend fern. Die Begegnung, die Berührung mit der anderen Seite ist ritualisiert. Begleitet von einem Reiseführer erfährt der Besucher, daß die Schwarzen ihre Stadt lieben. Es wundert daher auch nicht, wenn der Luxusbus an einer Behindertenwerkstätte hält, wo Kinder fromme Lieder singen, und die handwerklichen Produkte aus der Werkstatt zum Kauf angbieten.

Freimütig erzählt der Reiseleiter, daß weiße Geschäftsleute mit schwarzen Strohmännern Geschäfte machen und die Kaufkraft der Sowetians, angeblich 1,5 Milliarden Rand, zu über 90 Prozent in die Taschen der Weißen zurückfließt. Ohne mit der Wimper zu zucken erzählt der Reiseleiter von den Schwierigkeiten mit Schülern, die an der Tagesordnung sind. Schulboykotte, schlechte Lehrer, zerrüttete Familienverhältnisse, Trunksucht, Prostitution; irgendwie kann man sich nicht des Eindrucks erwehren, daß die beängstigenden Darstellungen als Beweis für die Unfähigkeit der Schwarzen angesehen werden sollen, sich an den Weißen ein Beispiel zu nehmen. Da wird nicht gesagt, daß die Regierungspolitik zahlreiche Menschen entwurzelt hat, da ist auch nicht von den erdrückenden gesetzlichen Bestimmungen der Wirtschaft die Rede, sondern alles deutet auf die Unfähigkeit der Schwarzen hin. Sie sind halt noch nicht soweit. Es werden noch Jahre vergehen, bis wir den Schwarzen die Vorteile unserer Wirtschaft erklärt haben.

Ganz anders nimmt sich ein Besuch von Soweto aus, wenn man nicht mit dem Luxusbus anreist, sondern auf eigene Faust hinfährt. Noch besser ist es, eingeladen zu werden. Da die Menschen in Südafrika auf Besuch aus fremden Ländern sehr freundlich reagieren, ist es leicht eingeladen zu werden. Als Gegensatzprogramm ist jedoch eine touristische Fahrt mehr als empfehlenswert. Der große Unterschied ist sicherlich so zu beschreiben: Verurteilt einen die Bustour zu einem voyeuristischen Dasein, verhindert die persönliche Begegnung die Distanz.

Im *Market Theatre* habe ich Menschen kennengelernt, die mich nach Soweto eingeladen haben: Ein Fest an einem Samstag, Freunde kommen zusammen, um zu essen und zu trinken und zu plaudern. Es wurde mehr als bloß ein Fest. Das Zusammentreffen ermöglichte eine Vielzahl menschlicher, wirklich berührender Begegnungen, die keine Distanz mehr zuließen.

Wie so oft vorher und nachher wurde die Frage gestellt, ob es in Österreich auch Apartheid gäbe. Wie wir unsere Vergangenheit bewältigt hätten, wollte einer wissen; sei denn nicht unser jetziger Bundespräsident,(*„actually how is his name Waldwhat?“*), ein Nazi? Danach erzählten die anderen Besucher, sie hätten ihre Familie in der Ciskei, in der Transkei, früher hätten sie noch Rinder gehabt, die sie geweidet hätten. Heute gehöre die Farm einem Weißen. Es waren prächtige Rinder, die Wiesen waren so saftig (ob sie nicht in der Erinnerung immer saftiger wurden?), die Wälder hätten gerauscht, die herrlichen Sonnenuntergänge über den heimatlichen Bergen. Die Hymnen über das verlorene Paradies – ich erinnere mich an die Veranstaltung im *Market Theatre* – lassen erkennen, wie sehr die Menschen ihre Heimat lieben.

Plötzlich fragt mich einer: „Warum bleibst du nicht in Südafrika?"

„Warum sollte ich", frage ich zurück.

„Weil es ein gutes Land für Weiße ist. Du verdienst viel. Hast gute berufliche Aussichten. Du könntest reich werden."

„Bliebe ich hier, würde ich zum Teil des Problems", antworte ich. „Dann würden für mich Schwarze arbeiten. Wahrscheinlich hätte ich einen Posten inne, den dringend ein Schwarzer braucht."

„Trotzdem, du solltest dir überlegen, hier zu bleiben. Südafrika ist ein gutes Land für Weiße."

Ich stelle mir bang die Frage, ob nicht der Gesprächspartner die Apartheid so tief in sich aufgesogen hat, daß er selbst, böte sich die Möglichkeit, Vorteile aus der Arbeit anderer ziehen würde. Wie weit entfernt ihn solch ein Denken von traditionellen Verhaltensweisen, bei denen das eigene Wohlbefinden sich nur im Wohlbefinden der ganzen Gruppe geäußert hat.

Von meinen Gesprächspartnern möchte ich wissen, was die politischen Parteien für sie bedeuten. Nicht die Parteien der Weißen interessieren mich, sondern jene, die sich um das Schicksal der Schwarzen annehmen. „Also die Inkatha kannst getrost vergessen", sagt der eine.

Was haben denn Verhandlungen und Zuwarten gebracht. Daß wir an demselben Schalter am Postamt wie die Weißen eine Briefmarke kaufen dürfen? Daß wir im selben Restaurant wie die Weißen essen dürfen, wenn wir das Geld hätten? Daß Sportler aller Hautfarben gemeinsame Wettkämpfe haben? Daß Schwarze und Weiße während eines Fußballspiels denselben Ball treten? Das ist doch alles sehr wenig.

„Und der ANC (*African National Congress*). Was ist mit dem?"

Welche politische Erfahrung hat der, um ein Land zu regieren? Nelson Mandela sitzt im Gefängnis, kennt die Welt nur hinter Gittern, Oliver Tambo lebt im Exil, kennt unsere Situation nur vom Hörensagen. Die Frage ist doch die, wie schaffen wir die Apartheid ab, ohne daß die Weißen aus dem Land flüchten. Wir brauchen eine friedliche Entwicklung. Aber wenn uns die Weißen weiterhin unsere politischen Rechte vorenthalten, dann sollen sie zum Teufel gehen. Ich bin nicht für den ANC, ich bin für die Durchsetzung seiner politischen Vorstellungen.

Als Illustration, was gemeint ist, erzählt ein Automechaniker, wie er von einem weißen Kunden angeschnauzt worden sei, und als die rassistischen Schimpfworte über die Lippen des erbosten Kunden kamen,

habe ich mir gedacht, hoffentlich ergreift der ANC bald die Macht und zahlt dem weißen Rassisten die Kränkungen auf Heller und Pfennig zurück.

Ein bisher eher schweigsamer junger Mann mischt sich ins Gespräch und meint:

Der Terror, die Attentate, die vom ANC ausgehen, lassen einen um sein Leben fürchten. Wie kann ich wissen, ob das, was ich heute mache schon Kollaboration ist oder noch ein Kompromiß, um mein Leben führen zu können.

„Um das geht es nicht“, widerspricht ein anderer,

wir leben in einer kranken Welt. Wir schuften, um überleben zu können. Apartheid ist ein Krebsgeschwür, das alles überzieht. Jeder von uns muß sich anpassen, um überleben zu können. Doch die Berührung mit dem Krebs macht krank. Jeden. Wir sind alle krank.

„Wir haben in Soweto ein riesiges Problem mit der Kriminalität“, erzählt ein anderer.

Frauen können jederzeit auf der Straße überfallen und vergewaltigt werden. Banden von Jugendlichen stehlen Männern, die ihren bescheidenen Lohn heimtragen, das Geld. Da schaut die Polizei zu, ihr ist es doch völlig egal, was mit einem Menschen geschieht. Früher haben die Linken sich organisiert, die Comrads haben die Straßen gesichert. Wenn einer den anderen bestohlen hat, wenn einer eine Frau vergewaltigt hat, wenn einer seine eigene Frau verprügelt hat, dann waren die da und haben für Ordnung gesorgt.

Dabei kneift der Erzähler das rechte Auge zusammen und läßt die Finger der Rechten im Takt schnalzen und bewegt diese wie eine Peitsche, zusätzlich erzeugt er einen Pfeifton mit den Lippen, es kann bei der Schilderung kein Zweifel bestehen, wie Missetäter geprügelt worden sind. „Die Regierung hat die Comrade eingesperrt, jetzt herrscht auf den Starßen wieder freie Wildbahn."

Gespräche bei Festen, wo Leute kommen und gehen, vollziehen sich nicht in geordneten Bahnen, dafür zeigt die Themenvielfalt, daß die Leute genau wissen, wo sie leben, worunter sie leiden, was sie ändern wollen, und welchen Weg Südafrika einschlagen muß, nicht multiracial, sondern nonracial. Hautfarbe darf keine Rolle spielen. Alles andere ist von untergeordneter Bedeutung.

Die Frage nach dem Boykott, um das jetzige Regime in die Knie zu zwingen, wird unterschiedlich beantwortet: Manche meinen Konzessionen erzwingen zu können, andere meinen, das Ausland muß mit der Gewährung von Handelskrediten Bedingungen verknüpfen, die von der Regierung eingehalten werden müssen, doch am ehesten wird die Meinung vertreten, daß ein Land, das auf den Streik der 18.000 Eisenbahner (1987) damit reagiert hat, 16.000 davon umgehend zu feuern, ist kein Beispiel für ein Land, das sich leicht von außen sagen läßt, was es zu tun hat. Maßnahmen, wie das Entlassen von tausenden Arbeitern verhindern letztlich auch politische Betätigung im Sinne langfristiger Strategien. Dort, wo es Reservearmeen an Arbeitslosen gibt, haben politisch Engagierte nach dem Verlust des Arbeitsplatzes plötzlich kein politisches Anliegen mehr, sondern wollen nur überleben.

„Wir haben nicht viel Spielraum", sagen Gesprächspartner nicht nur einmal, „wir müssen den Weißen klar machen, daß Freiheit für uns nicht Untergang für sie bedeutet."

In einem der Gespräche zeichnet sich eine Kompromißformel ab, die ich fast für die Lösung der Probleme anzusehen versucht bin: Die Weißen dürfen politische Mitbestimmung nicht als Almosen an die Inder, Coloured und Schwarzen weiterreichen, gleichzeitig dürfen die Weißen nicht das Gefühl bekommen, sie hätten eine Auseinandersetzung verloren. Wie dann gewählt wird, welche Verfassung sich Südafrika gibt, wie das Land geteilt wird, ob in Provinzen oder Kantone wie in der Schweiz, wie Minderheitenregelungen aussehen, ist dann Ergebnis von Verhandlungen. Wenn ich an die Verkrampten denke, denen alles zu viel ist, was die Schwarzen an neuen Rechten bekommen, bin ich mir nicht sicher, ob es für diese Menschen überhaupt eine einvernehmliche Lösung geben kann, bei der sie nicht das Gefühl haben, die historische Auseinandersetzung verloren zu haben.

Das Gespräch über das Für und Wider einer anderen Staats- und Gesellschaftsform von Südafrika wird immer wieder unterbrochen. Während wir reden, dröhnt laut Musik von Schallplatten. Männer und Frauen tanzen vergnügt. Sie können nicht ertragen, daß der zu Gast weilende Weiße, der aus Wien, der Stadt der Musik kommt, nicht tanzt, also schleppen mich Mädchen zur Tanzfläche: „Reden kannst du in Europa, reden kannst du jeden Tag, aber hier wird getanzt." Wieder erlebe ich, wie der Rhythmus meinen Körper mitreißt. Normalerweise verkrampft sich mein Körper, wenn ich sehe, wie Menschen sich völlig dem Rhythmus hingeben können. Inmitten von zuckenden Leibern bin ich ein Sandsack, der sich für seine Unbeweglichkeit schämt, doch auf dem Fest schäme ich mich nicht, ich tanze wie ich noch nie vorher getanzt habe. Ich tanze mich mit anderen in einen Rausch hinein. Wie können sich Weiße, die ihr Leben lang von so charmanten, liebenswerten Menschen umgeben sind, derartig abschotten, daß sie unberührt bleiben? Auf diese Frage habe ich keine Antwort gefunden.

Eine Einladung führt mich in ein Haus des Mittelstandes. Kennengelernt habe ich den Gastgeber in Venda, einem Homeland über das noch zu berichten sein wird. Der Gastgeber war auf Urlaub bei den heißen Quellen von Sagole spa. Ein Schwarzer also, der es geschafft hat. Er fürchtet sich vor allzu radikalen politischen Veränderungen, immerhin hat er einen Status erreicht, den er verlieren kann. „Wir müssen lernen, politische Verantwortung mitzutragen", sagt er. „Langsam müssen wir hineinwachsen, um das Land nicht wirtschaftlich zu ruinieren."

Dann erzählt er, wie schlecht es anderen Ländern Schwarzafrikas geht.

Was haben die Menschen in Angola, Mozambique, Zaire, Uganda von ihrer Freiheit? Kämpfe, Mißwirtschaft, Korruption. Das brauchen wir nicht. Wir brauchen gute Schulen für unsere Kinder, wir brauchen ein Dach über dem Kopf, wir brauchen Arbeit. Schau dir die Homelands an, wie es dort zugeht. Ohne die Hilfe aus Pretoria läuft dort überhaupt nichts.

Dieser Mann des Mittelstandes ist so gut angepaßt, daß von ihm nur zögernde Schritte zu einer anderen Ordnung zu erwarten sind.

Ist er vom Krebs der Apartheid befallen, oder ist er bereits ein Mann des neuen Südafrikas, das nach Abschaffung der Apartheid entstehen soll, in dem allen Menschen ungeachtet ihrer Hautfarbe Zutritt zu wirtschaftlichen

Verbesserungen ermöglicht wird? Solche Fragen sind sicherlich nicht leicht zu beantworten.

Ob er sein jetziges Haus verließe, wenn sich die Möglichkeit böte?

Nein, ganz sicher nicht. Was soll ich in einer Wohngegend mit Weißen anfangen, die mich ablehnen? Mir genügt der sichere Arbeitsplatz und ein Zuhause, wo ich mit den Nachbarn in Ruhe in Kontakt treten kann und ich nie das Gefühl habe, daß sie glauben besser als ich zu sein.

In Soweto bekomme ich eine Einladung in die Transkei. Ein junger Mann, der in einer Massenunterkunft lebt, hat eine Pritsche zum Schlafen, einen Eimer zum Waschen, in der Decke sind einige Haken eingeschlagen, an denen die Kleidungsstücke in den Raum hineinhängen. Zur Zeit befindet er sich mit Kollegen im Streik. Das heißt, er und seine Freunde stehen auf der Straße, die Entlassungen sind schon vorgenommen worden. Andere haben die Posten bekommen. Das Ziel seines Streiks ist der zugesicherte Achtstundentag und die Wiedereinstellung. Viele der älteren Mitbewohner des Massenquartiers können nicht lesen und schreiben. Während ihres ganzen Lebens war nur ihre Muskelkraft gefragt. „Wir brauchen eine noch stärkere COSATU (*Congress of South African Trade Unions*), wir brauchen den ANC; wenn jeder einzelne mit dem Arbeitgeber redet, erreichen wir nichts."

Das Leben dieses jungen Mannes ist typisch für Südafrika. Mehr als vier Millionen Menschen leben weit entfernt von ihrem Homeland. Dort war es nicht möglich für ihn, Arbeit zu finden, so machte er sich auf, um in Johannesburg sein Glück zu versuchen. Ihm ist das Problem des ungeheuren Arbeitskräfteüberschusses bekannt.

„Ich hasse Soweto", sagt er und berichtet von seinem Traum: Leben im Homeland, mit Frau und Kindern und selbstverständlich will er Rinder züchten. „Bald werde ich heiraten", erzählt er, „ein Mädchen aus meinem Dorf. Die kennt wenigstens unsere Bräuche."

Natürlich weiß er, daß nur wenige Tage im Jahr Zeit sein wird für ein gemeinsames Beisammensein. „Doch wer will seine Kinder in Soweto ins Verderben stürzen. Ich will Kinder, keine Verbrecher. Kinder können sich nur schwer gegen die Gangs wehren, die alles und jeden terrorisieren."

Der Besuch in seinem Dorf läßt erkennen, daß der junge Mann in zwei Welten lebt. Seine Mutter versteht kein Wort von Streik, von Arbeitskampf, von ANC und COSATU. Sie versteht nur, daß ihr Sohn nichts verdient und in Schwierigkeiten ist. Während des Besuchs im Dorf zeigt sich, daß es für den jungen Mann immer schwieriger wird, seine Eindrücke aus Kindheitstagen mit den Anforderungen der Großstadt in Übereinstimmung zu bringen. Ob es nicht besser wäre, ein Mädchen in Soweto zu heiraten? Dann hätte er eine Partnerin, die mit ihm die täglich anstehenden Probleme lösen könnte.

Ich kann nur eine Xhosafrau heiraten. Meine Familie muß die Zustimmung geben. Wenn ich mich über die Tradition hinwegsetze, brauche ich nicht mehr nach Hause kommen. Dann habe ich überhaupt keine Heimat mehr.

Wie schwierig muß es sein, traditionelle Vorstellungen mit dem Wissen zu verbinden, daß nur eine gewerkschaftliche Organisation die Besserstellung erreichen kann. Der gewerkschaftliche Kampf ist gleichsam die Vorhut für den Kampf um die Macht im Staat. „Aus dem weißen Südafrika müssen wir ein afrikanisches Land machen, in dem die Weißen leben können. Aber nicht als unsere Götter."

Der schwarze Lebensraum, die Homelands, beginnen ganz in der Nähe des Stadtkonglomerats Johannesburg, Pretoria und Soweto. An die hundert Kilometer in nordöstlicher Richtung von Pretoria liegt das kleinste und jüngste Homeland, KwaNdebele. Zwischen Pretoria und dem Homeland ein Gürtel reichen weißen Farmlands. *Ons land*. Wie überall sonst: Wenn keine Grenze zu passieren ist, vermag man keinen Unterschied zwischen *ons land* und dem Homeland auszumachen. So messerscharf sind die Grenzen in der Vegetation nicht gezogen. Und doch sind die Unterschiede auszumachen. *Ons land* hat die angenehme Weite, die Distanz zum Nachbarn. Wie erratische Einsprengsel stehen Häuser, Hütten und Kleinstadtsiedlungen von Schwarzen inmitten des weißen Siedlungsgebietes. 1913 nahmen die Weißen 87 Prozent der gesamten Landfläche für sich in Anspruch. Auf jeden Weißen kamen statistisch gesehen mehr als fünf Schwarze. Geht man von der Voraussetzung aus, daß 69 Prozent der Fläche unbewohnbar sind (Hochgebirge, Halbwüste, Wüste) haben sich die Weißen bloß 17 Prozent vorbehalten. Diese Angabe entstammt dem Journal Südafrika, herausgegeben vom Informationsdienst der Südafrikanischen Botschaft in der Bundesrepublik Deutschland (Köln 6/1972).

Dennoch, die Unterschiede sind unübersehbar: Die Weite der weißen Wohnregionen steht im krassen Gegensatz zu den dichten Besiedlungen in den Homelands, wo sich Siedlung an Siedlung reiht, gewaltige Hausansammlungen ganze Hügel überziehen. Ganz plötzlich hören gute Straßen auf und man quält das Auto über Schotterpisten, gewaltige Staubfahnen nach sich ziehend. Der Staub bedeckt die Blätter der Pflanzen und verursacht schwere Schäden, die bis zum Absterben führen können. Das wird als einer der Gründe angegeben, warum in den Nationalparks, die ja auch *ons land* für die Weißen sind, langsam und bedächtig gefahren werden muß.

Viele Kilometer lang wird die Straße von Shantytowns begleitet. Manche Namen von Orten erinnern an große

Zeiten der Vortrekker. Eines der Beispiele: Frisgewaagd. Weißen Siedlern, die der englischen Herrschaft entkommen wollten, wurden ihre Ländereien von der Regierung abgekauft. Die Siedler haben das Land verlassen, nur die Namen sind noch geblieben. Dafür leben nun Menschen in dem Land, die nichts anderes zu tun haben als auf einen Arbeitsplatz zu warten. KwaNdebele hat 730 km^2, angeblich wohnen hier zwischen 250.000 und 400.000 Menschen, die anderen 300.000, die außerhalb der Grenzen ihres Homelands leben, arbeiten irgendwo im weißen Südafrika. Die Fiktion der getrennten Entwicklung der einzelnen Rassen ist in diesem Homeland nicht aufrecht zu erhalten.

Ein schwarzer Arzt, der nicht namentlich genannt werden will, berichtet von der chronischen Unterernährung der Kinder. Wie sollte das Land alle seine Bürger ernähren können? Die Erwachsenen sind häufig geschlechtskrank. Die Männner sind gezwungen, Arbeit in Johannesburg oder in Pretoria anzunehmen. Sie sind nicht in der Lage, täglich vom Schlafplatz zur Arbeitsstätte zu pendeln, der Weg ist weiter als 150 km, also schlafen sie in einer der Massenunterkünfte. „Ein Mann braucht eine Frau", sagt der Arzt, darin sind sich alle schwarzen Menschen einig, so sucht der alleinstehende Arbeiter nach weiblichen Geschlechtspartnern. Nahe der Massenunterkünfte gibt es Prostituierte. Zwangsläufig kommt es zu Infektionen. Die Krankheit bringen die Männer dann ihren Frauen mit, wenn sie ins Homeland nach Hause kommen.

Die Sozialstruktur ist völlig zerrüttet. Die traditionelle „afrikanische" Familie (bei aller Vorsicht sei die Verallgemeinerung gestattet, da die Unterschiede zwischen den einzelnen ethnischen Gruppen sehr beachtlich sind) hat sich zum Teil aufgelöst. Männer ziehen in Städte, lassen ihre Frauen und Kinder in den Homelands zurück. Die heranwachsenden Kinder haben keinen Vater als männliche Bezugsperson. In den Townships gehen Männer wieder Beziehungen zu Frauen ein, häufig haben sie wieder Kinder. Läuft der Arbeitskontrakt aus, kehren die Männer in die Homelands zurück. Frauen mit Kindern bilden in den Townships Rumpffamilien. Viele der traditionellen Gepflogenheiten haben in den Schlafstädten längst ihre Bedeutung verloren. Auch wenn Paare derselben ethnischen Gruppe miteinander Kinder haben, ist der Unterschied zwischen den „Stadtkindern“ und den „Landkindern“ enorm. Nicht einmal der gemeinsame Schatz an Werten und Symbolen der allgemein akzeptierten und tradierten Kultur ist Stadtkindern geläufig. Sie sind Fremde in ihrem eigenen ethnischen Umfeld.

Ich gehöre nicht zu jenen, die alle Traditionen erhalten wollen, doch die strukturierte Begegnung mit der Umwelt, der Familie, der Großfamilie, das Wissen um die eigene Geschichte und Tradition, das Kennen des Kodex der allgemein akzeptierten Verhaltensweisen, halte ich für wichtig. Einem Afrikaner bedeutet jeder Gegenstand seiner Umwelt mehr als seine bloße Erscheinung. Jedes Detail steht in einem Sinnzusammenhang mit seinem Weltbild. Der Gegensatz zum Entwurzelten, dessen Beziehungen zu seiner Umwelt sehr simpel geworden sind, könnte nicht größer sein. Der traditionell Lebende begegnet seiner Welt mit Würde, der Entwurzelte ist ein hilfloses Blatt im Wind, anfällig für jede ideologische Banalität, für jede Verführung. Man muß nicht Anhänger der traditionellen Verhaltensweisen sein, um zu erkennen, daß sie eine Form von Ordnung darstellen, die Sicherheit gibt. Modikwe Dikobe hat in seinem Roman *Der Marabitanz*, der deutlich die Zerstörung gesellschaftlicher Strukturen durch die Apartheid beschreibt, auch den Verfall überkommener Verhaltensweisen geschildert:

Martha hatte manchmal gesehen, wie ihre Mutter vor ihrem Vater kniete, wenn sie ihm das Essen reichte. Aber die Dinge, die ihr Vater erwähnt hatte, kannte sie von ihrer Mutter nicht. An dem Tag, als der Vetter ihres Vaters zu Besuch war, hatte sie gesehen, wie ihr Vater errötete, als ihre Mutter einen Teller vor den Besucher stellte, ohne auf die Knie zu gehen. Nach den Mahlzeiten brachte sie kein Wasser, bis Ndala (der Vetter des Vaters, H.A.N.) anfing, die Essensreste von seinen Fingern abzulecken.
„Wenn dieser Junge mich heiratet, werde ich eine Menge Ärger haben", dachte Martha.
Mabongo (der Vater, H.A.N.) bemerkte die Reaktion seiner Frau, als er die Vorbereitung des Bettes erwähnte. Er sah sie an: „Du bist eine Mutter, und eine Mutter ist dafür zuständig, ihrer Tochter richtiges Verhalten beizubringen. Ich sehe mich gezwungen, über diese Dinge mit meinem Kind selbst zu reden, weil man sonst bald nach ihrer Hochzeit über die Mabongos lachen wird, denn es wird heißen: ‚Sie kennen die einfachsten Regeln des Anstands nicht!'".
Mit ernster Miene wandte er sich an seine Tochter. Er verschränkte die Arme über seiner Brust und lehnte sich auf seinem Stuhl zurück. In dem schwachenm Licht, das dem Ein-Zimmer-Haus als Beleuchtung diente, schimmerten seine dünnen Lippen blaß.
„Mein Vater war stets streng zu seinen Frauen. Wenn eine von ihnen seine Anordnungen nicht befolgt, schickte er sie wieder nach Hause, damit sie dort Verhaltensregeln lerne. Tat sie dann immer noch nicht, was verlangt wurde, mußte sie endgültig heimkehren, und mein Vater bekam alle seine Rinder mitsamt den Kälbern zurück."

In jenen Homelands, die sehr nahe an dem Stadtkonglomerat Johannesburg-Pretoria liegen, ist die Zerstörung fortgeschrittener als in der Transkei, Ciskei oder Venda, die weit vom Schuß liegen.

Die historische Entwicklung der Homelands ist von einer Grundidee der Apartheid gekennzeichnet, die in keiner Weise funktioniert hat. Die Entflechtung der einzelnen Menschengruppen sollte territorial erfolgen, rund um die Siedlungsgebiete der schwarzen Arbeitskräfte waren Wirtschaftsanlagen vorgesehen, die gleichsam als Kontaktzone von Weiß und Schwarz eine Koexistenz der besonderen Art darstellen sollten. In einer arbeitsteiligen Gesellschaft von der Voraussetzung auszugehen, daß man Wirtschaftsräume erfinden könnte, zu denen dann Arbeitskräfte hinströmen, ist irrig. Abgesehen von den irrealen Kosten, bereits bestehende Betriebe auszulagern, entsteht doch Wirtschaftsleben an historisch gewachsenen Zentren und nicht dort, wo der Planer vor dem Reißbrett das gerne hätte. Genau das ist in Südafrika geschehen. Anstatt die schwarze Bevölkerung in neue Gebiete ansiedeln zu können, ihnen Arbeit zu geben und das Land zu dezentralisieren, ist eine Situation entstanden, in der Menschen ununterbrochen unterwegs sind. Mindestens 500.000 pendeln täglich von Soweto nach Johannesburg, 30.000 Pendler aus KwaNdebele, werden mit Bussen zu Arbeitsplätzen gekarrt. Im besten Fall sind es bloß 70 km, manche müssen jedoch bis zu 150 km anreisen.

Joseph Lelyveld hat dieser Form des organisierten Wahnsinns in seinem Buch *Move Your Shadow*, ein Denkmal gesetzt: Dargestellt wird der Weg zum Arbeitsplatz von einem Mann, der in Frisgewaagd wohnt und in der Munitionsfabrik von Brits, das sind immerhin 200 km Distanz, arbeitet:

> An einem guten Tag verließ der Pendler seine Wohnung um 4 Uhr früh und kehrte um 9 Uhr abends wieder zurück, 17 Stunden später. Dann, wenn er schnell sein Essen hinunterschlang und sofort ins Bett ging, konnte er fünf Stunden schlafen.

Zu der unmenschlichen Belastung tritt ein enormer Finanzierungsbedarf: Pro Kopf und Jahr werden in Pretoria für einen Pendler fast 14.000 Schilling Unterstützung gerechnet. Müßte der Arbeiter die tatsächlichen Kosten seines Transports bezahlen, könnte er sich sein Leben nicht mehr leisten, Insgesamt investiert die Republik Südafrika pro Jahr 2,2 Milliarden Rand in die Homelands, zur Erhaltung des status quo. Das sind an die zehn Prozent des gesamten Budgets. Da der Wert des Rand politisch bestimmt wird und nicht nach seiner tatsächlichen Kaufkraft, entspricht die Ausgabe dem Doppelten, also 4,4 Milliarden Rand. Für die Bevölkerung bedeutet das: Durch die Subventionen gelang es, die Pro-Kopf-Einkommen der Homelands in den Jahren 1970 bis 1980 von 40 auf 46 Rand zu erhöhen. Anders gesagt: Die Aufwendungen des Staates gehen in die radikal falsche Richtung, sie lösen sich gleichsam in den Auspuffrohren der Busse auf.

In den weiter abgelegenen Regionen der Homelands scheint die Zeit stehengeblieben zu sein. Traditionelle Rundhütten, vor den Hütten flackerndes Feuer, auf denen in Kesseln das Essen gekocht wird. Männer und Frauen haben viel Zeit. Es scheint, als gäbe es keinen Hektik einer Industrienation. Der Atem der weiten Welt erreicht die letzten Gefilde nicht, oder trügt der Schein der Ruhe eines sich selbst genügenden bäuerlichen Daseins?

Das bedeutendste Aushängeschild unter den Homelands ist die Transkei. In der Hauptstadt Umtata ist von Beschaulichkeit nichts mehr zu sehen. Selbst in diesem kleinen Land ist der Gegensatz Land-Stadt beträchtlich. In Umtata mischen sich abblätternder kolonialer Glanz alter Häuser mit Prestigebauten. Man hat das Gefühl, in einem anderen Land zu sein: Die Telephonverbindungen funktionieren schlecht, die meisten Apparate der öffentlichen Fernsprecher sind *out of order*. Niemand ist zuständig.

Dafür bewohnt den Palast Seine Exzellenz, der Ehrenwerte Oberste Häuptling Dr. h.c. Kaizer Daliwonga Matanzima. Er gehört zu den höchstbezahlten Politikern, mit einem Jahreseinkommen über 12 Millionen Schilling, sowie Aufwandsentschädigung extra, plus einigen ansehnlichen Nebeneinnahmen. Sein Bruder, Häuptling George Mzimvuba Matanzima, ist Premierminister. Im Parlament sitzen 75 ernannte Häuptlinge, die alle durch Treueeid gebunden sind, und 75 gewählte Mitglieder, die alle bis auf eine Ausnahme der Transkei *National Independence*

Party angehören. Wer die Würde des Präsidenten beleidigt, in diesem besonderen Fall also, Kritik an den Verhältnissen übt, wird mit dem Tod bestraft. Die Unantastbarkeit der Würde des Präsidenten ist in der Verfassung festgeschrieben.

Es wäre nun zu billig, dem Geheul der weißen Südafrikaner zuzustimmen, die mit spitzem Finger auf die Homelands weisen und meinen: Undemokratische Verhältnisse seien bei den Schwarzen normal. So wie die Transkei nichts anderes ist als ein größerer Hühnerhof eines Häuptlings, ist die Ciskei ein Babel der Korruption. Wenn auch die Verhältnisse undemokratisch sind, wenn sich auch gleichsam autokratische Führerpersönlichkeiten an die Spitze dieser „Staaten" gestellt haben, wäre zu untersuchen: Wie ist es möglich, daß in den Homelands solche Verhältnisse entstehen können? Wird die Ausbildung solcher absolutistisch anmutender Strukturen durch das traditionelle Clansystem unterstützt und welche Mechanismen müßten in die Verfassung eingebaut werden, um die Ausbildung der inhumanen Strukturen zu verhindern?

Man kann der Apartheid sicherlich vieles nachsagen, doch nicht, wie sich in den Einzelheiten die Homelands intern organisieren und wie sie sich nach außen verhalten. Ich kann mich noch sehr genau erinnern, daß im Jahr 1987 die Spannungen zwischen Transkei und Ciskei derartig stark waren, daß der Ausbruch bewaffneter Auseinandersetzungen mit Mühe und mit viel Druck aus Pretoria verhindert worden ist.

In den Homelands leben im Hinblick auf die Entwicklung der Produktivkräfte zu viele Menschen. Nachdem die Schwarzen ursprünglich als ernstzunehmende Konkurrenten der burischen Farmer aufgetreten sind und sie durch die Gesetzgebung aus dem Wettbewerb gedrängt worden sind, haben sie den Anschluß an die Entwicklung verpaßt. In den Homelands ist die Landwirtschaft nicht gerüstet, den Ansturm von Menschen zu verkraften, denn schließlich haben die Länder ja auch die Funktion, die überschüssigen Arbeitskräfte zeitweilig aufzunehmen. Anders gesagt: Die Bevölkerungsdichte ist viel zu hoch. Ungelöst ist das Problem der Überweidung. Zu viel Vieh grast auf zu kleinen Flächen. Den einfachen, in traditionellen Denkstrukturen verhafteten Bewohnern dieser Region ist ohne gezielte Ausbildung nicht klar zu machen, daß ihr Reichtum (viel Vieh ist ein Zeichen für Reichtum) unter den heutigen Bedingungen die Verwüstung ihres Landes herbeiführt. In manchen Gegenden erholt sich die Grasnarbe überhaupt nicht mehr. Knöcheltief versinkt der Fuß in trockenem Sand. Bei Wind verschwindet die Sonne hinter den Sandwolken.

Die Abhängigkeit der Homelands von Südafrika zeigt sich, daß sechs von zehn gesunden Männern im arbeitsfähigen Alter in der Republik Südafrika arbeiten. Trotzdem ist ein Viertel der Bevölkerung arbeitslos. In manchen Regionen erreicht die Arbeitslosigkeit spielend die 50 Prozent-Marke. In den Sechzigerjahren war die Durchschnittsgröße einer Farm noch 2,5 Hektar, heute ist es nur mehr die Hälfte. Über 25.000 junge Menschen versuchen Jahr für Jahr am Arbeitsplatz unterzukommen, nur 7.000 finden tatsächlich Arbeit.

Über jedes Homeland ließe sich ein eigenes Buch schreiben. Trotz der Unterschiede der einzelnen Homelands sind manche Entwicklungen sehr ähnlich: Die Abschaffung der gesellschaftlichen Apartheid machte Kontaktnahmen zwischen Schwarzen, Indern und Weißen um vieles leichter. Zwar haben sich in den Homelands eine Reihe von Weißen niedergelassen, die in einer Art Abenteurertum schnell das große Geld machen wollen und es auch tatsächlich schaffen, doch die Nichtweißen sind nicht mehr den täglichen Kränkungen ausgesetzt. Sie brauchen nicht nachzudenken, ob sie das Hotel betreten dürfen oder nicht. Sie müssen sich keine Gedanken darüber machen, ob ein Restaurant einen eigenen Eingang für Nichtweiße vorsieht: Die „Stacheln“ wie Nelson Mandela die Kränkung so treffend nannte, gibt es nicht mehr. Die Schwarzen in den Homelands begegnen den Weißen viel unbefangener als in der Republik. Sie erlauben sich die Spontaneität, gegenüber Fremden neugierig zu sein.

In den intakten (oder bloß halbwegs intakten) Sozialstrukturen finden Menschen ihre Sicherheit. Das wird auch an älteren Frauen, die mehrere Kinder geboren haben und durch ihre Lebenserfahrung einen gewichtigen Platz in der Rangordnung einnehmen, deutlich. Ihr Umgang mit mir, einem fremden, um vieles jüngeren weißen Mann, ließ keine Unsicherheit erkennen. Ihre Rolle als Mutter und der Altersunterschied lassen mich trotz der besseren sozialen Stellung als Weißer untergeordnet erscheinen. Die Männer nennen mich „*baas*“ (was soviel wie Boß heißt: *baas* ist die Anrede, die Buren von den Schwarzen fordern), wenn ich sie nicht ersuche von der Anrede Abstand zu nehmen.

Wie schnell die Wirklichkeit der Apartheid schwarze Menschen wieder einholen kann, habe ich bei der Ausreise aus der Transkei erlebt. Dieses Homeland sieht bei der Ein und Ausreise genaue Grenzformalitäten vor. Der Schein eines eigenen unabhängigen Staates wird voll und ganz gewahrt. Bei der Ausreise wurde mir in meinem Reisepaß von südafrikanischen Grenzbeamten die neuerliche Einreise vermerkt. Der Beamte war ausgesucht höflich, freundlich und hilfsbereit. Die gleichzeitig einreisende Gruppe schwarzer Kontraktarbeiter, sie waren mit einem großen Bus unterwegs, wurde behandelt, als wäre sie der letzte Dreck. Derselbe Beamte, der an Freundlichkeit nicht zu überbieten war, brüllte mit den Schwarzen herum. Diese hatten ein steinernes, abweisendes Gesicht aufgesetzt. Sie benahmen sich so, als ginge sie das Gebrüll gar nichts an.

Modikwe Dikobe läßt einen Weißen sagen: „Ihr Eingeborenen glaubt, ihr könnt machen, was ihr wollt, wenn ihr nur lange genug für einen Weißen gearbeitet habt!" Dieser Mann steht im Roman tatsächlich vor dem Nichts. Die Männer aus dem Homeland, die sich von einem Grenzer schikanieren lassen, stehen vor dem Nichts. Einmal lautstark protestiert, und sie fahren zurück in ihr Dorf. Dort wartet schon ein anderer auf die Chance, einen Arbeitsplatz zu bekommen.

So wird eine Idee, die im Grunde genommen für viele Länder der Dritten Welt begrüßenswert wäre, zu einer Verwirklichung der Inhumanität. Wäre zum Wohl der Indianer Brasiliens ein Homeland dringend nötig, wie ein Forscher ironisch bemerkte („Um die Rechte der Indianer zu schützen, bräuchte es die Apartheid"), so stellt die Idee für südafrikanische Verhältnisse das Gegenteil eines Schutzes dar. Denn nicht zum Nutzen der Nichtweißen, sondern zum Vorteil der Weißen sind sie eingerichtet worden. Es gibt angesichts der unschönen Geschichte der Entstehung der eigenen schwarzen Ländereien und der dahinter stehenden Ideologie nichts, was für sie spricht, als die Tatsache der stark eingeschränkten Möglichkeit zur eigenständigen Entwicklung. Würde der Weg der Dezentralisierung des Staates, vielleicht müßte man besser sagen, der Kantonisierung, zum Wohl der Menschen in Südafrika konsequent weitergegangen, dann könnte aus der Vorstellung getrennt-und-doch-gemeinsam durchaus etwas Positives erwachsen. Nur dürfte Kantonisierung, also Gliederung des Landes in kleine, sehr unterschiedliche Einheiten mit weitgehender Autonomie, nichts zu tun haben mit Townships und Homelands, in denen man zwangsweise wohnt und einer ethnischen Zuschreibung, die von der Seite des Staates vorgenommen wird.

So sind die Homelands zum Teil Hinterhöfe der weißen Politik, wo sich Konflikte zusammenbrauen könnten, die für niemand mehr lösbar sind. Der Veränderung der humangeographischen Bedingungen folgt die ökologische Katastrophe. Bemerkenswert, wie tief Kränkungen durch die Apartheid reichen: In Sagola spa (Nordvenda), wo heiße Quellen aus dem Boden sprudeln, bot mir der Manager des um die Quellen herumgebauten Camps an, mir am nächsten Morgen ein eigenes Becken mit Thermalwasser zu reservieren. Dabei strich er über seine Haut des Unterarms und meinte: „Es wird dir vielleicht lieber sein, allein zu baden."

Vorher hatte er mir lange erklärt, daß die Zeit bald kommen müßte, in der Menschen aller Hautfarben in Südafrika gleichberechtigt miteinander leben dürfen. Für ihn, den Träumer von einer anderen, besseren Welt, war es unvorstellbar, daß ich mit anderen Schwarzen im selben Pool sitze. Erst als ich tatsächlich zu den anderen ins heiße Wasser stieg und wir angeregt miteinander plauderten, sah er, daß es Nichtschwarze gibt, die tatsächlich mit Schwarzen im selben Wasser sitzen können.

In Venda traf ich aber auch einen Mann, der nicht mehr von der Entwicklung sprach, sondern von der Revolution träumte:

> Wir Schwarzen lassen uns nicht von den Weißen in ihre Machtstruktur hineinkooptieren als Juniorpartner. Wir wollen auch nicht die Macht mit ihnen teilen, wir wollen die Macht. Die Bedingungen für den Umsturz sind besser denn je, das Land ist nicht mehr von den Weißen zu kontrollieren.

Ich versuchte eher die Möglichkeit aufzuzeigen, daß beharrliches Zuwenigtun der Regierung eine Situation heraufbeschwören könnte, die als nordirisch zu bezeichnen wäre. Zwei Gruppen kämpfen gegeneinander, keine kann siegen, weil die Mittel dazu nicht ausreichen. Das einzige wäre eine Verhandlungslösung, die unerreichbar scheint, weil die Gesprächsbasis zerstört ist.

Von solchen Überlegungen wollte er nichts wissen: „Ich hoffe“, sagte er, „daß bei der nächsten Wahl die Konservativen gewinnen.“

„Warum die Konservativen?“, fragte ich zurück, „Welchen Konsens gibt es denn mit den Verkrampten?“

„Keinen“, sagte er, „sie werden die *petty apartheid* wieder einführen, alle Reformen zurücknehmen, damit wird das Land unregierbar und wir werden schneller die Macht übernehmen.“

„Das geht doch nicht ohne großes Blutvergießen ab“, meinte ich.

Ganz kalt, als redete er nicht von Menschenleben, sondern von Dingen, erwiderte mein Gesprächspartner: „*Yes, definitely, there will be a big bloodshed, a very big bloodshed.*“

Vor dieser Vorstellung gruselte mich. Warum sollten Menschen nicht vorher aufhören können, einen Weg weiterzugehen, der sich als Sackgasse erweist, deren Ende der Müllhaufen der Geschichte ist?

Von der Weite, die der schon vorhin zitierte Autor Modikwe Dikobe zeigt „Gott war nicht dumm, als er die Schwarzen erschuf. Wir sind aus derselben Erde wie die Weißen. Die Welt wurde für uns alle geschaffen, darin zu leben und einander zu lieben“, ist in den Äußerungen des revolutionären Träumers aus Venda nichts mehr zu sehen. Niemand, der die Apartheid im täglichen Leben sieht, kann wirklich überrascht sein, daß manche nicht mehr auf friedliche Entwicklungen hoffen können. Der Lebensraum der Schwarzen bietet dafür nur sehr bedingt Anlaß.

Ons land

Angeblich ist das verhaßteste Bauwerk in Südafrika das Voortrekker Monument. Es erinnert an die Schlacht am Blood River am 16. Dezember 1838. 12.500 Zulukrieger standen 464 Voortrekkern gegenüber. Nach der Schlacht waren mehr als 3.000 Zulu und vier Weiße gefallen.

Ein Burentreck unter Piet Retief war auf dem Weg nach Norden. Es sollten Verhandlungen mit dem Zulu-König Dingane stattfinden, um neue Siedlungsgebiete gewinnen zu können. Am 6. Februar betrat Retief mit seinen Leuten den Kraal, nachdem er die Waffen abgelegt hatte, um den Vertrag zu unterzeichnen. Im Zuge der Kriegstänze bewegten sich die Zulus immer näher den Voortrekkern zu, bis König Dingane rief: „*Bulatani abatagati*!" („Tötet die Zauberer!"). Die Voortrekker wurden überwunden, gefesselt und außerhalb des Kraals erschlagen. Anschließend wurden die Frauen und Kinder von den Kriegern Dinganes getötet. Der Ort dieser Bluttat trägt den Namen *Weenen* (Weinen).

Daraufhin beschloß Andries Pretorius eine Strafexpedition durchzuführen, die im oben erwähnten Blutbad endete. Die Voortrekkers gelobten, daß sie stets dieses Tages eingedenk sein und zu Ehren Gottes eine Kirche bauen wollten. Der 16. Dezember ist daher der Nationalfeiertag. Für die Weißen ein historisches Datum in der Durchsetzung ihrer Landnahme, für die Schwarzen ebenfalls eines, weil es den Ausbau der weißen Macht in Südafrika symbolisiert. Nun sind blutige Auseinandersetzungen im Zuge kolonialer Unternehmungen nichts Besonderes. Das macht sie in keiner Weise schöner oder appetitlicher, nur, in Südafrika gehen eben die Uhren anders. In jedem anderen Land hätte man nach der Schlacht doch irgendwann einmal das Mäntelchen des Schweigens gebreitet, wenn einem am Zusammenleben mit den anderen wirklich gelegen wäre.

Einhundertzehn Jahre später, am 16. Dezember 1949, wurde das aus Granit gebaute Voortrekker Monument bei Pretoria eingeweiht. Das wuchtig und schwer, ja martialisch wirkende Gebäude wird von einer Granitmauer umgeben, die auch nicht gerade freundlich wirkt. Sie symbolisiert eine Wagenburg mit 64 Wagen. Den Aufgang ziert ein Ehrenmal für die Vortrekkerfrauen. Eine Mutter beschützt ihre Kinder. Die vier Ecken des Granitbaus sind den Trekführern Hendrik Potgieter, Piet Retief, Andries Pretorius – er ist auch der Namensgeber der Hauptstadt Südafrikas, Pretoria – und einem unbekannten Mann gewidmet. Eine Verbeugung vor dem unbekannten Voortrekker, analog zu unseren Gedenkstätten, die dem unbekannten Soldaten geweiht sind.

In der gewaltigen Heldenhalle wird die Geschichte des Trecks auf 27 Marmorreliefs abgehandelt. Zu erwarten, daß die angreifenden Zulus nicht als blutrünstige Kaffern gezeigt würden, wäre unangebracht. Bei der Verherrlichung der eigenen Geschichte erweist sich kaum ein Volk als zimperlich. Überspannt wird der Gewaltbau durch eine Kuppel, die eine Öffnung aufweist: Punkt 12 Uhr am 16. Dezember fallen die Sonnenstrahlen durch die Öffnung auf einen im Kellergeschoß stehenden Ehrenschrein Piet Retiefs und beleuchten die Aufschrift: *„Ons vir jou Suidafrika“* („Wir für Dich Südafrika“). Am Nationalfeiertag, dem *„Geloftedag“* (Gelübdetag) ist das Monument besonders gut besucht, ansonsten herrscht ein stetes Kommen und Gehen. Ich kann mir nicht vorstellen, daß in

Österreich ein Denkmal, das der heimischen Geschichte gewidmet ist, wirklich besucht werden würde, es sei denn bei irgendwelchen Staatsfeiern. In Südafrika ist für die Afrikaaner das Voortrekker Monument ein lokal gewordener Kristallisationspunkt ihres Selbstverständnisses: eine heilige Stätte.

In der Halle mit den Reliefs steht ein Verkaufsstand, der patriotische Souvenirs feilbietet. Das Monument auf Tassen und Gläsern, Wimpeln, Aschenbechern und Druckschriften, sowie eine Vielzahl von Ansichtskarten, die das Denkmal in allen möglichen Beleuchtungen und Winkeln zeigen. Ein freundlicher, weißer Herr zeigt gerne dem Besucher, welche Erinnerungsstücke er zu verkaufen hat. Das Geschäft geht ununterbrochen. Im parkähnlichen Gelände arbeiten Schwarze, um den tadellosen, gepflegten Zustand weiter zu erhalten.

Diese Glorifizierung und demonstrative Zurschaustellung des Patriotismus ist an vielen Orten Südafrikas anzutreffen. Am Bloodriver beispielsweise steht das *Blood River Monument* – ein Voortrekker Monument reicht nicht –, das jedem Vorbeikommenden von der heroischen Tat berichtet.

Es gibt so gut wie keine größere Stadt, die nicht eine öffentliche Schausammlung hat, die Dokumente, Handarbeiten von Frauen, Waffen, Gerätschaften des Alltags, Trachten und Kostüme der Voortrekker ausstellt. Jede Gemeinde zeigt ihre Verbundenheit zu den großen Auseinandersetzungen, die notwendig waren, um sich in dem Land zu etablieren, in dem sie jetzt wohnen und das sie als *„ons land“* betrachten. Da wird an der englischen Kolonialmacht kein gutes Haar gelassen, die Erinnerung an die Zeit der Burenkriege wachgehalten. Genauer kann man den Gegensatz zwischen Weiß und Weiß gar nicht demonstrieren.

In manchen Museen wird streng die Rassentrennung gehandhabt. Der Zutritt zu den Toiletten ist nur Weißen gestattet. Die Museen sind allem Anschein nach für Menschen aller Hautfarben geöffnet, doch es verirren sich nur selten Nichtweiße in ein Voortrekkermuseum.

In Pietermaritzburg kommt der Aufseher des Museums zu mir, fragt mich, woher ich käme und bittet mich, meine Unterschrift im Gästebuch einzutragen: „*Please could you honor us with your signature?*"

In diesem Museum wird mir, wie eigentlich überall in dem Land, unabhängig von der Hautfarbe der Menschen und von der Region, äußerst zuvorkommend Einzelheiten erklärt. Der Aufseher bemüht sich wirklich. Da ich von einer Coloured begleitet werde, die er bei der Begrüßung übersehen hat – mir schüttelt er die Hand, doch die Colouredfrau würdigt er nicht einmal eines Grußes –, erkläre ich ihm, eine liebe Freundin aus Südafrika würde mich hier begleiten. Sie wäre schon in Europa gewesen und nun beantwortete ich ihren Besuch. Daraufhin geht er zu der Coloured, schüttelt ihr freundlich die Hand, spricht sie in Afrikaans an und ersucht sie, dem Fremden aus Übersee unter allen Umständen so viel wie möglich zu zeigen, damit er ja „*ons land*" sähe.

Nachdem wir das Museum verlassen haben, erklärt meine südafrikanische Freundin:

Er hätte mich nie gegrüßt und schon gar nicht mir die Hand geschüttelt. Da wir zwei miteinander ins Museum gegangen sind und du gesagt hast, daß wir zusammengehören und befreundet sind, war er sich nicht mehr sicher, ob ich nicht vielleicht doch eine Weiße bin.

Im *Natal Museum*, das auch in Pietermaritzburg liegt, werden Exponate zu Flora und Fauna gezeigt, aber auch ethnographische Stücke. Der Zusammenhang zwischen Ethnographie und naturwissenschaftlichen Sammlungen ist in Südafrika offensichtlich. Er entspricht der ursprünglichen Einteilung, wie sie in Europa üblich war. In diesem Haus wird jedoch die Kultur der Weißen nicht gezeigt. Die Trennung zwischen Weiß und Nichtweiß wird damit erneut sichtbar. Dafür ist im Natalmuseum eine weiße Frau unermüdlich unterwegs, die alle Besucher fragt, ob sie ihnen behilflich sein könnte. Sie macht keinen Unterschied, egal welche Hautfarbe der Besucher hat. Ich sehe, wie sie einen schwarzen Knaben an der Schulter nimmt und ihm erklärt wie er gehen müsse, um zu seinen Dinosauriern zu kommen.

Der Gang durch die Museen einer Stadt zeigt, wie heterogen die Gesellschaft ist. In einer Vitrine ein Exemplar der Zeitschrift *Der Hunne*. Eine Monatsschrift und eine Zeitung der Kriegsgefangenen, Lager Fort Napier, Natal SA vom August 1917. Das Motto: „Durch Freud, Not, Leid Dir treu allzeit". Ein Bild zeigt einen Afrikaaner in Gesellschaft mit König Ubu. Dieser ist die Karikatur eines einfältigen und egoistischen Bürgers, die personifizierte Idiotie des Menschen, die sich in Geilheit, Freßsucht und Lüge ebenso ergeht wie sie sich in der Rolle des Sklaven mit ungeheurer Brutalität behauptet: „Ich bin Sklave. Dreiteufelswanst, niemand wird mich hindern, meine Sklavenpflicht zu tun. Ich werde erbarmungslos dienen. Mordet, zermanscht die Gehirne." Ubu als Abbild der Weißen in Gesellschaft mit einem Schwarzen. Solche Bilder sind in Südafrika mehr als doppeldeutig.

So läßt sich anhand der Museen alles über Südafrika behaupten, stets wird man irgendwo den dazu passenden Beweis finden. Unübersehbar bleibt jedoch die Kluft zwischen Schwarz und Weiß. Die ethnologischen Schausammlungen, die auch stets südafrikanische Kulturen präsentieren, werden in naturhistorischen Museen gezeigt, während die weißen Kulturen immer in mehr oder minder militärisch angehauchten Heimatmuseen zu finden sind.

Das ist auch in Kapstadt so. Diese Stadt gilt als liberalste von ganz Südafrika und in keiner Region sind mehr gemischte Pärchen auf der Straße unterwegs. Verglichen mit den Paaren der gleichen Hautfarbe noch immer eine zu vernachlässigende Größe. Dabei hätte in Kapstadt die Integration die besten Chancen. Die beiden größten Bevölkerungsgruppen sind Weiße und Coloured, die Anzahl der Schwarzen ist bedeutend niedriger. Die traditionellen Siedlungsgebiete der Zulu, Xhosa und Tswana liegen weit entfernt. Und die Schwarzen, die bis Kapstadt gekommen sind, leben auch in Townships. Kapstadt ist die Keimzelle des „weißen" Südafrika und das in doppelter Bedeutung. Die älteste geordnete europäische Siedlung im südlichen Afrika war die im Jahr 1652 von Jan van Riebbeck im Auftrag der Niederländisch-Ostindischen Handelskompanie errichtete Versorgungsstation. Zuvor waren die Europäer eher nur zufällig in dieses, von Europa aus gesehen abgelegene Land gekommen. Die Berichte über Europäer, die nach einem Schiffsunglück bei den Eingeborenen geblieben waren, sind häufig.

Die frühen Einwanderer waren vornehmlich männlichen Geschlechts. Um das nur ein wenig zu verdeutlichen: Von den 854 Deutschen, die während der 150 Jahre der Verwaltung durch die Niederländisch-Ostindische Handelskompanie nach Südafrika kamen, waren bloß 48 Frauen, von 816 Niederländern 322 Frauen. 1648 endete in Europa der Dreißigjährige Krieg. Die Menschen waren auf der Suche nach einer neuen Heimat, nachdem sie zu Hause für sich keine Zukunft mehr sahen. Die Frauen, die von der Handelsgesellschaft zur Schließung der „Geschlechterlücke" losgeschickt wurden, stammten zumeist aus Waisenhäusern. Diese ersten Einwanderer waren also Entrechtete ihres eigenen Kontinents.

In den Jahren 1687 und 1688 wurden Hugenotten nach Südafrika gebracht. Sie waren gebildete und wohlhabende französische Familien gewesen, die durch die Aufhebung des Ediktes von Nantes am 18. Oktober 1685 durch Ludwig XIV. aus Frankreich hatten fliehen müssen. Die 146 einwandernden Personen stellten von der weißen Gesamtbevölkerung einen Anteil von rund zwanzig Prozent. Die Einwanderer aus Frankreich brachten die Weinkultur mit. Heute liegt Südafrika mit seiner durchschnittlichen jährlichen Ernte von rund 700 Millionen Litern an zehnter Stelle unter den weinproduzierenden Ländern.

Aus der Weinregion ist ein europäisch anmutendes Ambiente geworden. Vor hochaufragenden blaugrauen Bergen, weite Täler voll mit Obstgärten, Weinrieden, Weizenfeldern und Olivenhainen. Die koloniale Architektur, der Kapstil, strahlend weiße Häuser, lassen vergessen, daß vor dreihundert Jahren, vor der Besiedlung durch Weiße, San (Buschmänner) hier ihr Wild jagten und Khoi-Hirten (Hottentotten) ihre Herden weideten.

Die Arbeitskraft der ursprünglichen Einwohner sowie der hinzugeholten Sklaven aus Mozambique, Angola und Madagaskar hatte unter Anleitung der Weißen eine schöne Kulturlandschaft geschaffen. Die Weißen vergessen gerne, im Gespräch auf die Notwendigkeit der nichtweißen Arbeitskraft hinzuweisen. Für sie ist die Region des Weinbaus „*ons land*", in dem sie sich häuslich eingerichtet haben. Wenn sie über die anderen, die Nichtweißen reden, ist deutlich zu hören, diese sind nicht ihre Mitbrüder und Mitschwestern, nicht einmal wirklich Mitbewohner im gemeinsamen Land, sondern „da". Lieber wäre es vielen, die Nichtweißen gingen fort, wohin ist eigentlich gleichgültig, nur fort, um allein leben zu können. Immer wieder empfinde ich gewisse Ähnlichkeiten mit der Beurteilung der als Gastarbeiter bezeichneten Arbeitskräfte in Mitteleuropa. Sie sollen arbeiten, aber in ihrer Freizeit unsichtbar sein und wenn sie ihre Arbeit geleistet haben, still und heimlich wieder gehen. Was sie dort machen und warum sie zu uns kommen, interessiert nicht wirklich.

Nur ein solcher Umgang mit Menschen anderer Hautfarbe macht es möglich, daß in Kapstadt die Kultur der Schwarzen mustergültig ausgestellt wird, die historischen Tafeln, die Dokumentation ihres Lebensraums, Zeugnisse ihrer Keramik, Töpferei und des Schmucks. Doch nichts, absolut nichts läßt erkennen, daß sich die Lebensräume immer wieder überlagern. Die Geschichte der Menschen unterschiedlicher Hautfarben ist in ähnlicher Weise segregiert wie das alltägliche Leben. Die Kultur der schwarzen Mitbewohner wird so präsentiert, als handelte es sich um Völker aus dem Nachbarland, die in solchen Ausstellungen ebenfalls vertreten sind.

In Kapstadt werde ich von einer Wohngemeinschaft aufgenommen: Ein Rechtsanwalt, eine Dame, die in einem datenverarbeitenden Betrieb tätig ist, eine Ärztin, alles Leute mit einem *white collar job*, die auch schon in Europa waren. Sie sind entzückende Gastgeber. Sie beantworten alle Fragen, die ich an sie richte und sie versuchen mir wirklich jeden Wunsch zu erfüllen. Stolz weisen sie darauf hin, wie *open minded* sie im Vergleich zu den Afrikaanern sind, die den Durchschnitt der Bevölkerung bilden.

Natürlich läßt sich das Thema der Sinnhaftigkeit der Apartheid nicht vermeiden. Ich will es auch gar nicht vermeiden, ich möchte ja hören, wie Menschen, die aus dem Land kommen und nicht erst vor einigen Jahren zugereist sind, mit solch einer weltweit einzigartigen Regelung leben können.

„Es war der größte Fehler, unser System überhaupt Apartheid zu nennen“, sagt einer der Gastgeber.

Hätten wir gelebt, ohne unsere Verhältnisse zu benennen, kein Mensch auf der Welt würde danach schreien. Was geschieht in den USA, was geschieht in Brasilien? Wie sehr werden dort Menschen mit schwarzer Hautfarbe unterdrückt. Was ist das weltweite Echo? Ein bißchen Gerede über Rassismus, den die betreffenden Regierungen abzubauen versprechen.

Bei uns leben die Schwarzen und die Coloured besser als in irgendeinem anderen schwarzafrikanischen Land. Bei uns sind die Schulen besser, sind die Verdienstmöglichkeiten besser, sind die Krankenhäuser besser, sind die Förderungen für die Häuser der Schwarzen besser, und dafür werden wir von der ganzen Welt geprügelt.

Ich wende ein, daß den Lebenstandard ohnehin niemand in Frage stelle, das Problem jedoch sei, warum eine Gruppe von Menschen ihre bevorzugte Position in der Machtlosigkeit der anderen begründet haben sollte. Müßte nicht ein ausgewogenes Gleichgewicht, gleiche Chancen für alle vorsehen, wobei die gleichen Chancen durch eine schulische Erziehung vorgenommen werden müßten, die jeder Gruppe die kulturellen Eigenarten der anderen näherbringt, um besser miteinander auskommen zu können?

Unvermutet stoße ich an eine Grenze im Gespräch mit weißen Menschen aus Südafrika, die man als gewöhnliche Bürger eines Landes bezeichnen kann und nicht als Intellektuelle und Künstler. Die Antwort ist kurz und bündig: Wir wollen keinen Negerkral.

Das Unverständnis, das afrikanischer Kultur gegenüber gezeigt wird, ist fast unbeschreibbar. Man weiß, daß Schwarze ganz gutes Handwerk hervorbringen, auch daß sie gute Musiker sind, doch Kultur im europäischen Sinn haben Schwarze eigentlich nicht. Sie haben auch nichts Vergleichbares. Ein zugewandertes bürgerliches Ehepaar aus Großbritannien bringt die Gegensätze auf den Punkt:

Südafrika ist ein wunderschönes Land, doch was uns hier fehlt, ist die Konversation. Worüber sollen wir reden? Die primitiven Äußerungen der Eingeborenen, die manche Weiße bereits für Kunst halten, sind doch nicht zu vergleichen mit den Hervorbringungen europäischer Kultur.

Da sie wissen, daß ich Österreicher bin, zeigen sie mir ihre Verbundenheit, mir, dem Europäer:

Was ist die primitive Schnitzerei im Vergleich zu Augartenporzellan? Welche Delikatesse der Technik ist da zu erkennen, welche Anmut der Bewegungen wird dargestellt. Welche grauenhaften Formen des Lärms haben die Neger entwickelt? Wer kann das wirklich Musik nennen? Vergleichen wir doch das Getrommel im Busch mit der Musik von Edgar Elgar.

In dem Augenblick bin ich mir sicher, daß nur die wenigsten Europäer außerhalb Englands wissen, wovon die Rede ist. Doch die Zuwanderer aus England lassen nicht lokker: „Das Urwaldgetrommel läßt sich mit der herrlichen Musik eines Mozarts doch nicht vergleichen." Sie schwelgen von Bach und Händel und holen plötzlich zum entscheidenden Schlag aus:

Wir haben amerikanische Freunde, die nicht einmal Glen Miller und Benny Goodman kennen, weil sie diese für klassische amerikanische Musik halten, und klassische Musik interessiert sie nicht. Dafür kennen sie Neil Diamond und noch ein paar dieser Sänger und dann ist Schluß mit ihrem Wissen.

Im Vergleich zwischen Amerikanern und weißen Südafrikanern schneiden die Amerikaner noch gut ab. Die haben wenigstens noch ein paar Hervorbringungen wie eben Miller und Goodman, doch die Südafrikaner haben gar nichts. „Warum sind sie eigentlich nach Südafrika gegangen?", frage ich irritiert, „nur weil es ein schönes Land ist?"

„Unsere Pension ist zu klein, um in England leben zu können. Doch hier können wir uns selbst am Lebensabend noch etwas schaffen."

Im Vergleich zu diesen Engländern, die ihre Ansichten nicht scharf, nicht zynisch, nicht überheblich, sondern aus tiefster Überzeugung vortragen, sind mir die Afrikaaner, die mit der Muttermilch mitbekommen haben, daß sie Teile des auserwählten Volkes sind, hundertmal lieber.

Meine Kapstädter Freunde haben auch keine Ahnung von den afrikanischen Landsleuten, sie bewegen sich in ihrem Land nach fest gefügten Regeln, die so gut wie nicht zu knacken sind. Während eines Besuchs auf einer Apfelfarm sehe ich, wie mir die Coloured, die rund um die Farm in ihren Siedlungen leben, devot begegnen. Sie lassen nicht zu, daß wir von gleich zu gleich verkehren. In Soweto gab es plötzlich für mich keine feststellbare Distanz, auch in manchen Homelands schien es, als ließe sich ein Kontakt finden, der nicht von vornherein die Ränge bestimmt.

Die Coloured im ländlichen Bereich erscheinen besonders zurückhaltend, ja scheu. Was an sich nicht verwunderlich wäre: Durch die Kontakte mit den Weißen haben sie erfahren müssen, daß sie zwar meistens dieselbe Sprache wie diese sprechen, nämlich Afrikaans, jedoch nicht als vollwertige Mitglieder der Gesellschaft anerkannt werden. In nicht wenigen Städten und Dörfern der Kapprovinz ist die tägliche Diskriminierung nicht abgeschafft.

Restaurants mit zwei Eingängen, einer für Weiße und einer für Nichtweiße sind keine Seltenheit. Ein typisches Lokal für diese Form der Segregation ist Griekwastadt. Kein Schild verweist auf die getrennten Eßräume für Weiß und Nichtweiß. Bei meinem Versuch ins Lokal zu gehen, stehen einige Coloured vor der Tür und deuten mit dem Daumen auf den anderen Eingang, den ich benütze. Ich gelange in ein ungemütliches Lokal, das Ham and Eggs, Beefburger, Hamburger, Chips und sonstiges Fast Food verkauft. Eine leicht gelangweilte Blondine nimmt meine Bestellung entgegen. Sie ist auf Urlaub hier. Ihren Arbeitsplatz hat sie in Kapstadt. „Sicherlich die schönste Stadt Südafrikas, finden Sie nicht?", doch nun wird ihr die Zeit lang in dieser Einöde.

„Kapstadt ist liberal", erzählt sie mir. „Dort haben die Lokale keine getrennten Eingänge für Weiß und Nichtweiß" antworte ich.

„Hier ist das Sitte", sagt sie,

Ihr Europäer müßt Euch mehr Toleranz angewöhnen. Was für Euch gut ist, ist für andere noch lange nicht gut. Griekwastad ist nicht Kapstadt. Hier würden die Coloured die Welt nicht verstehen, wenn sie mit den Weißen im selben Restaurant sitzen dürften.

Da ich sehe, daß alle Speisen aus derselben Küche gebracht werden, frage ich, ob nur die Speiseräume segregiert sind, oder auch die Gläser, die Teller und das Besteck. Damit findet unser Gespräch ein schnelles Ende. Sie ist sich ganz sicher, daß ich, ein Fremder, ihr Land überhaupt nicht verstehe, dafür erinnert sie mich an Breyton Breytenbach:

Das ist Ethnozentrismus. Schon seit langem ist beschlossen, wie und wer der „andere" ist; wir „verstehen" ihn; wir „leben" mit ihm zusammen; er ist „Sünde". Wir tragen die Brillen einer brutalen Vereinfachung, einer Schwarz-Weiß-Einteilung, eines perversen Puritanismus, einer mutwilligen Dummheit. Afrika ist hart, sagen wir. Und mit „hart" meinen wir „leicht genug zu verstehen und leicht genug zu beherrschen, wenn man Manns genug ist für den Job".

Selbst akustisch ist das Lokal in zwei Bereiche getrennt: Im schwarzen Bereich dröhnt aus dem Lautsprecher stark Rhythmisches, im weißen, Musik, die in den fünfziger Jahren Freddy sang. Es handelt sich um Übersetzungen ins Englische, die von heutigen südafrikanischen Schnulzenbubis in voller Frische interpretiert werden. Für die Weißen sind Stühle und Tische vorgesehen, für die Coloured genügt der Fußboden.

In solchen Kleinstädten und Dörfern läßt sich erkennen, wie fortschrittlich, wie konsensbereit die Kapstädter sind. In vielen der abgeschiedenen Orte, die Einsamkeit ist ebenso schön wie beklemmend, die Farmen liegen wie die Sterne im Weltall, sind die Menschen nicht oder nur schwer bereit, Englisch zu reden, denn die Sprache der Verräter spricht man nicht, „die haben ohnehin alle ihren britischen Reisepaß in der Tasche und das Flugticket schon längst gekauft, wenn es ernst wird.“ Dieser Vorwurf übersieht, daß bis in die späten Achtzigerjahre die Buren ihrerseits verzweifelt nachgesehen haben, ob nicht englische Verwandte im eigenen Stammbaum zu finden sind, um sicherheitshalber für sich selbst einen englischen Reisepaß zu beantragen. Erst eine Regelung der britischen Regierung, der die Südafrikaner in großen Scharen nicht willkommen sind, hat diese Art der Vorsorge beendet. Nicht beendet ist die Vorsorge auf privater Basis: Die Kapitalflucht aus Südafrika ist enorm. Die Wirtschaft hat nicht nur Schwierigkeiten, weil es erstens weltweit überall Probleme gab, zweitens manche Boykottmaßnahmen hart trafen; dazu gehört auch das Desinvestment, da viele Südafrikaner ihr Kapital ins Ausland verlagern, um für alle Fälle gerüstet zu sein. So manche burische Familie hat in Australien oder in Südamerika schon größere Besitzungen gekauft, um am Tag X auf einem anderen Kontinent weiterzumachen.

Das Verhältnis zwischen Afrikaanern und Engländern ist immer noch sehr belastet. Die *taal van die verdrukker* (Sprache der Unterdrücker) wird von Buren noch immer nur im Notfall gesprochen. Zu tief sitzen die historischen Wunden. Es ist kein Problem mit Afrikaanern ins Gespräch zu kommen, die sofort von den Konzentrationslagern berichten, die Engländer errichtet haben, um die Buren zu dezimieren. Die Kränkungen eines Lord Horatio Herbert Kitchener, der die Buren für „unzivilisierte, rebellische Wilde, die man am besten in Käfigen hält" bezeichnete, sind immer noch Grundlage für Mißtrauen. Seine Taxtik der verbrannten Erde ermöglichte den britischen Sieg über die burischen Guerilla, seine Konzentrationslager kosteten 25.000 Frauen und Kindern das Leben. Es gibt noch heute nicht wenige Afrikaaner, die auf diese Ereignisse hinweisen und meinen, daß diese Toten maßgeblich die Entwicklung des Burentums im südlichen Afrika verzögert haben. Nicht übersehen werden soll, daß die Briten für die Buren Umerziehungsprogramme etablierten mit dem Ziel, die burische Sprache und Kultur mit der Zeit ganz zu verdrängen.

Alle politischen Führer der Briten haben selbstverständlich ihre Denkmäler, sodaß die Buren stets daran erinnert werden, wie sie in der Geschichte von den Briten behandelt worden sind, von jenen Weißen, die zwar offiziell gegen die Rassentrennung waren, dafür ihrerseits in Durban für die Segregation zwischen Engländern und Indern sorgten.

Ergab sich vor 1948 die soziale Trennung aufgrund verschiedener Gebräuche und differierenden Alltagsverhaltens, wurde 1950 der *Population Registration Act* verabschiedet, der die Fülle an unterschiedlichen Rechtspraktiken und Definitionen vereinheitlichte. Die verwendeten Kriterien beurteilten Aussehen, Abstammung, den Ruf und allgemeine Anerkennung. Im Zug des Ausbaus des Gesetzes wurden noch „Gewohnheiten, Bildungsgrad, Sprache, Benehmen und Auftreten" klassifiziert. Das *Race Classification Board* entwickelte Verfahrensweisen, um „Rassen" unterscheiden zu können: Menschen wurden Bleistifte und Kämme ins Haar gesteckt, fanden sie Halt, galten die Überprüften zumeist als „farbig", also *coloured*.

So darf in Südafrika heute von der Voraussetzung ausgegangen werden, daß alle Menschen durch die historischen Erfahrungen massive Kränkungen erfuhren. Apartheid bedeutet für alle ein Gefängnis, einen Käfig, aus dem es lange Zeit so gut wie kein Entrinnen gab.

Zwei Marksteine auf dem Weg der Entwicklung verdienen besonders erwähnt zu werden: Ministerpräsident Johannes Gerhardus Strydom (1893–1958) sagte in seiner Antrittsrede, sämtliche Überlegungen zur Versöhnung der einzelnen Gruppen beiseite schiebend:

> Nennt es Vorherrschaft, Herrentum (*baasschap*) oder was ihr wollt, es geht auf jeden Fall um die Beherrschung der anderen ... Der einzige Weg, der die Aufrechterhaltung der Herrschaft der Weißen erlaubt, liegt in der Verweigerung des Stimmrechts für die Schwarzen ... Es ist völlig unrealitisch anzunehmen, der Weiße könnte die Führung lediglich auf Grund seines größeren Wissens behalten ...

Er war es auch, der durch Verfassungsbruch den Coloured in der Kapprovinz (sie bedeckt beinahe die Hälfte der Fläche der Republik) das Wahlrecht entzog. Während der Regierungszeit von Henrik Frensch Verwoerd (1958–1966) wurde die Entrechtung fortgesetzt: Weiße Abgeordnete durften die Anliegen der Schwarzen und der Coloured nicht mehr im Parlament vertreten. Dafür wurden die ersten acht schwarzafrikanischen „Nationalen Einheiten“ etabliert, 1963 als erstes Homeland die Transkei errichtet. 1953 wurde vom Eingeborenenminister Verwoerd das „Bantu-Erziehungsgesetz“ verabschiedet. Damit wurden die Missionsschulen von ihrer Lehrtätigkeit abgelöst und hatte „der Staat die Kontrolle über den Unterricht der Bantuvölker übernommen“. Die schlechte Lehrerausbildung, die bis heute zu vielerlei Klagen Anlaß gibt, die bewußte Förderung eines Erziehungsziels, das aus einer Gruppe Diener für andere machen wollte, die viel geringeren finanziellen Aufwendungen für schwarze Schüler als für weiße waren maßgeblich daran beteiligt, daß sich die einzelnen Ethnien entfremdeten. Gingen die Missionare noch von der Voraussetzung aus, daß alle

Menschen Brüder und Schwestern in Gott seien, was allerdings nicht den Erfahrungen des Alltags entsprach, kamen nun Lehrer an die Schule, die mit ihrem Leben zu Recht höchst unzufrieden waren und die über das Unbehagen in den Schulen deutlich redeten. Heute läßt sich feststellen, daß die einzelnen Ethnien einander sehr fremd geworden sind. Gemeinsame Lebensmittelpunkte sind ausgesprochen rar geworden. Menschen unterschiedlicher Hautfarbe begegnen einander stets in sozialen Rollen. Der eine ist der Untergebene, der andere der Herr. Diese sozialen Rollen korrelieren, wie schon erwähnt, fast immer mit der Hautfarbe.

Die Distanz der einzelnen Bevölkerungsgruppen ist derartig groß geworden, daß Bedürfnisse anderer überhaupt nicht mehr verstanden werden. Von einem Coloured, der sich in den schwarzen Townships von Pietermaritzburg auskennt, muß ich mir sagen lassen:

> Was wollen die Schwarzen eigentlich? Die Regierung baut neue Häuser für sie. Die Akademiker haben eigene schön gestaltete Wohnviertel bekommen. Ärzte, Lehrer, Rechtsanwälte haben jeden Standard, den man sich nur wünschen kann. Und was geschieht? Ausgerechnet dort brennt die Schule, dort fliegen am häufigsten die Steine, dort sind die Unruhen am Größten.

Er kann nicht verstehen, daß die Schwarzen nicht in einem Ghetto leben, nicht von außen definiert werden wollen, sondern daß sie ihr Leben in ihre eigenen Hände nehmen wollen, um frei zu entscheiden.

Es nützt den Schwarzen nichts, wenn man ihnen sagt, daß in Südafrika mehr schwarze Akademiker ausgebildet worden sind, als im restlichen Afrika, daß die Schulausbildung besser ist als in Zaire. Sie fühlen sich durch die Situation des Reglementiertwerdens ihrer menschlichen Würde beraubt, sie fühlen sich zutiefst verletzt und beleidigt. Sie wollen die Gestaltung des Lebens selbst in die

Hand nehmen und nicht einen Teil zugewiesen bekommen, wo sie nur sehr bedingt autonom entscheidungsberechtigt sind. Der Zustand wird auch dadurch nicht besser, daß man Strom und Wasser in den Häusern hat und um die Häuschen ein paar Pflanzen gesetzt worden sind.

Ein schwarzer Anwalt sagt treffend:

Wir wollen endlich den Käfig verlassen. Wir wollen keinen Krüger Nationalpark für uns, wo wir unter bestimmten Bedingungen ein optimales Leben führen können. Wir wollen die freie Wildbahn, auch dann, wenn wir schlechter leben als im Ghetto, das uns die Regierung schafft.

Ein Mann mittleren Alters formuliert zynisch:

Wo sonst noch auf der Welt haben die Faulen und die Armen Einfamilienhäuschen. In Kuweit vielleicht. Wir bauen den Schwarzen Häuser, die sie aus blinder Wut gegen uns niederbrennen. Wir sollten das Geld sparen und damit etwas Vernünftiges machen.

In abgelegenen burischen Gemeinden ist das Unverständnis noch viel größer. Über die Schwarzen gibt es ein Sprichwort: „Du kannst einen schwarzen Mann aus dem Busch nehmen, aber den Busch kannst du nicht vom schwarzen Mann nehmen." Mit solchen Äußerungen wird jede Möglichkeit zur Veränderung ausgeschlossen. Und da Schwarze ohnehin nur Wilde sind und die wenigen Weißen, die glauben sich für das Anliegen der Schwarzen einsetzen zu müssen als *„Kafferboetie"* (Kaffernfreund) verspottet werden, entwickelt sich ein hierarchisches System, das fast unverrückbar erscheint.

Da in Südafrika wie auch in Namibia die Arbeitslosigkeit groß ist, kann jeder Arbeitgeber sehr wählerisch sein beim Aussuchen seiner Arbeitskräfte. Läßt sich ein Schwarzer bei einem englischen oder deutschen Farmer etwas zu Schulden kommen, hat er seinen Arbeitsplatz verloren. Es warten genügend Arbeitssuchende auf einen Posten. Der Bure löst das Problem meistens anders: Er ist der Herr seiner Untergebenen, der über sie herrscht wie ein kleiner König. Bei Verfehlungen nimmt er öffentlich die Bestrafung vor. Er prügelt den Unglückswurm, die anderen Schwarzen sehen, wie er bestraft wird, danach wird über den Vorfall nicht mehr geredet.

Angesichts der hohen Arbeitslosenzahlen ist die Bestrafung durch die Buren die zwar kränkendere, doch jene ohne Konsequenzen für den weiteren Unterhalt. Mir ist Prügeln im höchsten Maße zuwider, egal aus welchen Gründen, doch frage ich mich, ob in so einer Situation das Verhalten der Buren nicht leichter kalkulierbar ist als das der Deutschen oder Engländer.

Ist vielleicht die Differenz zwischen Buren und Schwarzen leichter zu überwinden, als es den Anschein hat? Beide sind Volksgruppen, die gern und begeisterte Bauern und Viehzüchter sind. Entspricht die Kraftlackelei der Buren nicht eher der Mentalität der Schwarzen als das „*sophisticated*" der Engländer? Darüber wären noch größere Arbeiten zu schreiben.

In Regionen, in denen die als liberal geltenden Engländer die Mehrheit haben, sind Mischungen zwischen Weiß und Schwarz seltener als in jenen, in denen die Buren die Mehrheit haben, und ausgerechnet die sind als Befürworter der Apartheid bekannt. Die Anekdote, die über den Premierminister Johannes Gerhardus Strijom – er war berühmt wegen seines Hasses auf die Engländer – erzählt wird, ist in diesem Zusammenhang nicht uninteressant: Auf die Frage, warum es in der Burenprovinz Transvaal mehr Mischlinge gebe als in der vornehmlich von Engländern bewohnten Provinz Natal, soll er geantwortet haben: „Eine stolze Zulu-Frau wird sich niemals mit einem englischen Waschlappen einlassen."

Bei aller Überheblichkeit zeigt diese Anekdote das Bewußtsein: Wir Buren sind der einzige weiße afrikanische Stamm. Wir sind Afrikaaner und fühlen uns in bestimmter Weise den Tswana, Xhosa, Zulu und allen anderen näher verwandt als den Briten, die nichts anderes sind als Besucher auf Zeit.

In Kapstadt lebte ich in einer Wohngemeinschaft mit „englischen" Südafrikanern. Sie meinten nicht nur einmal, daß der *Group Areas Act* aufgehoben werden könnte, weil im Sinne einer besseren Verständigung manche Regelungen besser nicht getroffen würden. Doch auf meine bohrende Frage „Und wenn nun tatsächlich im Nebenhaus ein Schwarzer einzieht?", waren sie sich nicht mehr sicher, ob sie wirklich den intensiven Kontakt mit Vertretern anderer Volksgruppen wollten. Sie sprachen ihre Einwände jedoch sehr indirekt aus:

Wir wollen einen gepflegten Garten, gepflegte Häuser. Wir wollen doch eigentlich ein *easy living*; wenn nun wirklich Schwarze bei uns wohnen und, wie man weiß, wo sich ein Schwarzer niederläßt, die anderen wie die Fliegen folgen, dann ist unser Leben gestört.

Nicht gestört wurde ihr Leben durch eine schwarze Haushälterin, eine Zulufrau. Sie hat ein eigenes Häuschen im Garten, mit eigenem Herd, Kühlschrank, Toilette und Bad. Sie hat ihren eigenen schwarzen Lebensbereich, wie es in Südafrika üblich ist. Ihr Dienst dauert von Montag bis Freitag mittag. Wochenende und Feiertage frei, waschen, bügeln und Zubereitung des Nachtmahls, sowie freie Kost und eine Entlohnung von 200 Rand bar auf die Hand. Gemessen am Durchschnitt des Üblichen durchaus akzeptabel. Während eines Gesprächs, das die Lebensqualität zum Gegenstand hatte, genügte von mir der Satz: „Solch eine Hilfe im Haushalt wäre schön in Europa. Am liebsten möchte ich das Dienstmädchen mitnehmen." Die Antwort kam postwendend: „*You can. Ask Botha, he's got several millions of them.*"

Schwarze werden von Weißen nicht als hierhergehörig empfunden. Ich kann nicht sagen, das ist typisch englisch und die Afrikaaner würden so nicht reden. Doch nach der Überlegung „*Die land is ons land*" und *ons land* alles miteinschließt, was auf, in, unter und über dem Land ist, kann es ein völliges Abschieben eigentlich nicht geben. Nur eine Ghettoisierung erscheint mir möglich. Tritt noch die aus der calvinistischen Tradition stammende Überlegung hinzu, daß der Mensch nicht in die Schöpfung Gottes hineinpfuschen darf und die Vielzahl sowie der Reichtum der Schöpfung auch durch die Mannigfaltigkeit der „Rassen" ausgedrückt wird, dann muß in Südafrika die Vielfalt der Rassen erhalten bleiben. Menschen anderer Hautfarbe zynisch auszuweisen, können eigentlich nur Weiße, die nicht burischer Abstammung sind.

In der Synode der Niederdeutsch-Reformierten Kirche im Jahr 1948 wird der Charakter eines eigenen Volkes ganz deutlich unterstrichen:

> Wir glauben und bekennen von ganzem Herzen: daß die Volksgründung von 1652 eine gnädige Tat Gottes war, um sein Königreich im südlichen Afrika zu errichten und auszubreiten, daß das Volk, das am 6. April 1652 geboren wurde, in besonderer Weise zu jener Aufgabe berufen ist; daß diese Berufung diesem Volk das Recht verleiht, zu bestehen und fortzubestehen; daß die Befolgung dieses Rufes für es das Leben und das Abweichen davon den Tod bedeutet.

Eine solche Definition eines Volkes ergibt nur dann einen Sinn, wenn andere Völker als gegeben akzeptiert werden. Die Haltung „*Ask Botha, he's got several millions of them*" erscheint mir eher eine englische zu sein, von Menschen, die ihre Beziehungen zum Mutterland nicht aufgegeben haben. Diese Haltung macht Angst: Wer weiß, vielleicht empfinden die Schwarzen ebenso? Vielleicht sind die Weißen genauso fremd wie es den Schwarzen nachgesagt wird? Es wundert daher nicht, wenn manche Weiße deutlich sagen: „Die Schwarzen werden uns hinauswerfen, wenn sie die Macht dazu haben. Sie werden uns spätestens dann hinauswerfen, wenn sie uns nicht mehr brauchen."

In Kapstadt hatte ich das Vergnügen, diesen Wettstreit der Meinungen sehr deutlich zu erleben. Ein beredtes Zeugnis der Kritik an der Apartheid war das Musical *District Six*, das wochenlang vor vollem Haus lief. Es behandelt die Geschichte eines Wohnbereichs, der „multiracial" war, der Modellcharakter für eine Gesellschaft mit unterschiedlichen Bevölkerungsgruppen hatte.

We want to tell you our story tonight
About a place called District Six
Together we lived there,
Brown, Black and White But the Government changed that in '66
All the so called Coloureds
Who had lost their rights
Were forced to move because this area
was reserved for Whites

One day I was walking through Cape Town city
When suddenly I had the urge to go
Went into a shop said, May I spend a penny
But the manager said the answer's no
The law won't allow us to granz you that right
All the amenties in this shop
Are reserved for Whites

I got on a bus when I was eight months pregnant
I was hot and tired and my back was breaking
The seats were all empty right up to the front
Here at the back they'd all been taken
I asked the conductor who was shy and polite
if I could sit there. He said, Sorry you can't
They're Reserved for Whites.

The other night when I went to bed
I fell asleep and I had a nightmare
And I was dreaming that I was dead
I went to hell and the Devil was there
He looked at me and said it's allright
You don't have to worry
Cos this place of mine
Is Reserved for Whites.

In diesem Musical, das einen Teil der Geschichte von Kapstadt dramatisiert, wird mit scharfer Kritik an den Verhältnissen ebenso wenig gespart, wie mit dem Aufzeigen unterschiedlicher kultureller Verhaltensweisen. Selbst das Entfernen der oberen Schneidezähne, das unter den Schwarzen des Kaps als besonders schön gilt, weil es *„sexy"* macht, wird genannt. Gleichzeitig wird der soziale Status der *„sexy people"* als arbeitslos beschrieben. Die Zuhörerschaft, die sich aus allen Bevölkerungsgruppen zusammensetzt, erkannte einen Teil der eigenen Situation wieder.

Als das Musical nach Pretoria kommen sollte, um auch dort gespielt zu werden, erhielt die Kompanie eine Einladung in ein Theater, das *„Reserved for Whites"* ist. Die Kompanie lehnte die Einladung ab.

Unter dem Titel *Bothatanic* (ein Wortspiel aus Botha und Titanic) macht sich der burische Kabarettist Pieter-Dirk Uys über die Apartheid lustig. „Und wenn einmal die Schwarzen die Macht übernommen haben", sagt er sinnngemäß,

werden wir weiße Townships haben. Ab und zu werden schwarze Bullen weiße Frauen vergewaltigen. Wie man vergewaltigt, haben sie bei uns gelernt. Ab und zu werden sie weiße Kinder verhaften und auf der Polizeistation prügeln. Sie sind durch unsere Schule gegangen und wissen, wie man richtig prügelt.

Eine angekündigte schwarze Gruppe, die wochenlang in einer Township mit großen Erfolg gespielt hat, wird vor ihrem Auftritt im Baxter (ein Veranstaltungsort in Kapstadt, der erklärterweise „multiracial“ ist) „*banned*“, das heißt mit einem Aufführungsverbot belegt. Überall auf den Straßen hängen groß die Plakate mit der Ankündigung „*Kwanele. A new play by a new company on an explosive subject …*“, darüber der Aufkleber: *Banned*.

Im Werbefernsehen wird das friedliche Miteinander der verschiedenen Hautfarben ununterbrochen gezeigt. Der Konsum macht alle glücklich. Modezeitschriften für Coloureds vermitteln alle jene Accessoires, die Weiße zum guten Aussehen benötigen, abgestimmt für die andere Zielgruppe. Coloureds wird der weiße Lebensstil schmackhaft gemacht.

Bei längerer Beobachtung der Leute erkenne ich, wie sehr sie den informellen Bereich kennen. Ich habe erlebt, wie eine Coloured eingeladen wurde, in einen Club zu gehen, der eigentlich nur für Weiße bestimmt war. Lang hatte sie ihr Unbehagen geäußert. Die anderen Besucher könnten sie beobachten, das würde ihr sicherlich unangenehm sein. Im Club selbst wurde sie mit größter Höflichkeit behandelt, eigentlich interessierte sich niemand dafür, ob nun wirklich alle Essenden im Restaurant weiß waren.

In einer Reihe von Dörfern und Kleinstädten der Kapprovinz haben die Weißen in den letzten Jahren neue Kirchen gebaut, häufig werden sie die ganze Nacht in künstliches Licht getaucht, um dem Ort ein Zentrum zu geben. Diese Ansammlungen von Häusern haben etwas Trostloses an sich. Nach der Dämmerung verschwinden die Menschen von den Straßen, nur einige trinkfeste Herren gehen in die Kneipe. Geschäfte, die Lebensmittel, Fastfood und Getränke verkaufen, haben bis in die Abendstunden geöffnet. Der Besitzer des Ladens ist immer ein

Weißer. Er ist zu seiner Klientel freundlich und doch ist an der Körpersprache bemerkbar, ob er einem Afrikaaner einen Hamburger über die Budel schiebt, einem Fremden oder einem Coloured.

Ich habe Menschen gefragt, ob denn Schwarze oder Coloured in die neue Kirche gehen könnten, um zu beten. Die Antwort war nie ein klares Ja oder ein bestimmtes Nein. Die Antwort, die durch Handbewegungen unterstrichen wird, war: „Die haben dort draußen ihre eigene Kirche. Die katholische Kirche." Vielleicht könnten die Menschen aus der Township in die neue Kirche gehen und nichts würde geschehen, die Afrikaaner würden überraschte Minen aufsetzen. Vielleicht wäre es auch der letzte Unsinn, den sich so ein Mensch auf der unteren Seite der Hierarchie leisten könnte?

Die Widersprüche sind mit Worten fast nicht beschreibbar. Jedes Detail macht das Bild noch verwirrender. Auch dann, wenn man ganz genau weiß, daß die Ordnung, die aus sovielen Wurzeln entstanden ist und die sich in einer babylonischen Vielfalt von Regeln entfaltet hat, zum Scheitern verurteilt ist, weil sie, und das völlig zu Recht, nach Meinung der Welt unmoralisch ist.

In den Augen der traditionellen Afrikaaner ist die von ihnen geschaffene Ordnung im höchsten Maße moralisch. Wer ihren Regeln folgt, kann damit rechnen, zuvorkommend behandelt zu werden. Wenn man als Gast einem traditionellen Buren sagt, daß man keinen Einwand erheben würde, wenn die eigenen Kinder einen Schwarzen heiraten, muß man damit rechnen, aus dem Haus gewiesen zu werden. Der Verstoß gegen die göttliche Ordnung kann nicht mit Gastfreundschaft belohnt werden.

Ich mag diese Haltung der Afrikaaner nicht, muß aber zugeben, daß ich mir schwer vorstellen kann, daß irgendwo auf der Welt ein Mensch, der nach bestem Wissen und Gewissen zu leben meint, nicht überfordert ist, sich in Gastfreundschaft zu üben, wenn der Besucher das ideologische Gerüst in Frage stellt. Diese Einstellung der Afrikaaner ist es auch, die jede Kritik von außen an dem Land letztlich abprallen läßt.

Hinzu tritt die Einstellung, daß alles verhindert werden müsse, was die Identität der Afrikaaner gefährden könnte. Für sie ist ihre Kultur nicht ein Zweig einer größeren Kultur, sondern der starke Baum einer einzigartigen Kultur überhaupt. Wenn also Namibia einen eigenen Weg geht, wo die Deutschen ihre Kultur verlieren oder Rhodesien als Zimbabwe eine neue Entwicklung nimmt und die englische Kultur aus diesem Land verschwindet, so wird die deutsche und die englische Kultur in ihrem Mutterland weiterbestehen. Diese Kulturen verlieren bloß einen Zweig ihrer Entwicklung doch in ihrer Ganzheit hat sich nichts geändert. Für die Afrikaaner stellt sich die Situation anders dar: Ihre Kultur überlebt in Südafrika oder ist dem Untergang geweiht. Daher werden sie versuchen, alles erdenklich Mögliche zu tun, um ihre Kultur auf jeden Fall überleben zu lassen. Nur diese Einstellung macht es erklärlich, daß P.W. Botha in Soweto zu den Schwarzen sagen konnte: „Wir sind alle Südafrikaner". Gleichzeitig überlegten seine Berater die Möglichkeit einer gemeinsamen südafrikanischen Staatsbürgerschaft, die jedoch nicht auf eine Aufhebung der vom Staat definierten ethnischen Gruppierungen (Apartheid) hinauslaufen sollte.

Hinter dieser Überlegung steht die irrationale Angst vor Verunreinigung des „reinen" Afrikaanertums. Das hindert jedoch nicht, daß in Kapstadt bei einem Fest, das für alle Menschen offen ist, die Weißen als Indianer verkleidet zwischen den Schwarzen und Coloured feiern. Weiße Indianer rufen nach schwarzen Kellnern, um mit frischen Getränken versorgt zu werden. In solchen Augenblicken hat man eher das Gefühl, bei Filmaufnahmen für eine

Hollywoodproduktion zu sein, als in einem Land, das auch einen schweren Kulturkampf auszutragen hat.

Zu dem Kulturkampf gehört, daß historische Kränkungen nicht vergessen werden können. Jene 5.000 Buren, die von den Engländern während der Burenkriege (1899–1902) nach Ceylon gebracht wurden, werden immer wieder als Helden gefeiert und jener Kämpfer, die in der fremden Erde ruhen wird, besonders feierlich gedacht.

Diese Einstellung zur Geschichte, zur eigenen Nation, zum eigenen Land, *ons land*, zeigt sich auch in der Ordnung, die von den Afrikaanern ersonnen wurde, und die von den anderen zu akzeptieren ist. Jene Teile, die als Naturparks eingerichtet worden sind, werden von Männern in Uniformen, die jenen der Pfadfinder nicht unähnlich sind, beschützt und bewacht. Es handelt sich durchwegs um freundliche, hilfsbereite Menschen, die in der Welt der Reservation das absolute Sagen haben. Alles ist geordnet, alles ist sauber und gepflegt. Die „Pfadfinder" achten peinlich genau, daß die Schwarzen, die neben dem Camps eigene Schlaflager haben, tatsächlich nur jene Dienste versehen, für die sie angestellt sind. So regelt eine Liste die Gepflogenheiten des Lagers: „*The Staff is reasonable for the cleanlines of huts and camp grounds. Only in their sparetime are they permitted to assist visitors in the preparation of meals and the washing up dishes*". Nie habe ich einen Schwarzen privat bei weißen Besuchern arbeiten gesehen. Ich könnte mir leicht vorstellen, gäbe es diese Einschränkung nicht, fänden sich genügend Besucher, die Angestellte der Nationalparks mit eigenem Dienstpersonal verwechseln würden.

Der Krüger Nationalpark endet im Norden an der Grenze zu Mozambique. Diesen nördlichsten Punkt des Landes, an einer unruhigen Grenze gelegen, wollte ich unbedingt sehen: Ein offenes Tor führt in das Lager der

Grenzer. Höflich fragte mich zuerst ein schwarzer Soldat und danach ein weißer, was ich auf dem Gelände des Grenzpostens suchte: „Ich möchte sehen, wo Südafrika endet“, antwortete ich. Die Herren baten mich freundlich näher zu kommen, das Auto abzustellen und dann noch zwanzig Meter nach vorne zu gehen. Dort sei schon der Schlagbaum und an diesem „endet unser Land“. Ich wurde nicht kontrolliert, von mir wollte auch niemand näher wissen, warum ich ausgerechnet in einem Nationalpark über die Grenze schauen wollte.

Dann kamen einige Grenzwächter, die ich nach ihrem Dienst fragte.

Wir versuchen mit den Menschen in Mozambique so gut wie möglich auszukommen. An sich ist der Grenzübergang geschlossen, doch einmal in der Woche schicken wir Medikamente und Gemüse hinüber. Es sind ja arme Teufel, die dort drüben leben.

Entlang der Grenze auf südafrikanischem Territorium zieht sich ein breiter, unbewachsener Streifen einem Grenzbaum entlang. „Wir müssen kontrollieren“, sagt einer der Grenzer. „Aus Mozambique kommen Wilderer, aber vor allem illegale Einwanderer. Manche kennen wir schon, wir schieben sie drei oder viermal über die Grenze ab.“

Diese Menschen an der Grenze sind keine Fanatiker, sie verrichten ihren Dienst für *„ons land“*. Sie stehen dort in der tiefen Überzeugung, daß ihre Kultur und ihr Land verteidigt werden muß. Überlegungen, ob die Verhältnisse im Nachbarland durch die südafrikanische Destabilisierungspolitik so schlecht sind, oder ob das Erbe, das die Portugiesen hinterlassen haben, an der Misere schuld ist, interessieren sie letztlich nicht. Sie erzählen, daß sie Medikamente und Gemüse über die Grenze schicken, daß die Grenzer von Mozambique korrupt sind. Sie wissen, daß die Bahnlinien in den Nachbarstaaten nur durch die Unterstützung Südafrikas funktionieren. Sie sind stolz auf ihr Land. Letztlich läuft ihre Überlegung auf einen Satz hinaus: „Wir wollen keinen Negerkraal“. Politisch gesehen möchte ich diese freundlichen Menschen eher als naiv bezeichnen. Die trickreiche Taktik einer Regierung, die an der Macht bleiben möchte, ist für sie letztlich nicht durchschaubar.

Namibia

Namibia, oder wie es früher in den Berichten immer hieß, Südwestafrika, bedeckt ein Gebiet, das elfmal so groß wie Österreich ist. Bewohnt wird es von rund 1,2 Millionen Menschen, davon sind 587.000 dem Volk der Ovambo, 110.000 den Kavango, 89.000 den Herero und ebenso viele den Damara zuzurechnen. Ungefähr 78.000 Weiße, davon über 20.000 deutschsprachige gehören noch zu den größeren Gruppen. Der Rest sind Nama, Mischlinge oder Basters, Caprivianer und San (Buschmänner).

Obwohl heute der Begriff Südwestafrika als kolonial gilt, nennt sich die Unabhängigkeitsbewegung noch immer SWAPO (*South West Africa People's Organisation*). Die jahrelangen Auseinandersetzungen um die Unabhängigkeit gingen erst zu Ende, als am 22. Dezember 1988 ein Friedensvertrag zwischen Südafrika und Angola geschlossen wurde, der auch einen Zeitplan für die Entlassung Namibias in die Unabhängigkeit enthielt. Die Wahlen zwischen 7. und 9. November 1989 brachten die absolute Mehrheit für die SWAPO, nicht jedoch die gewünschte Zweidrittelmehrheit für die entscheidende verfassungsgebende Versammlung. Am 1. April 1990 soll die erste unabhängige Regierung gebildet werden.

Mein zweiter Besuch in Namibia fand im Juli 1989 statt, also noch vor den Wahlen.

Auffallend waren die Bemühungen im Wahlkampf: T-Shirts mit den Losungen der einzelnen Parteien wurden von Menschen aller Hautfarben in Windhoek, der Hauptstadt Namibias getragen. Solche T-Shirts konnte man auch noch vereinzelt in Marienthal und Swakopmund sehen. Am flachen Land in den kleinen Städten hatten die Parteien kleine Lokale angemietet, in denen um Unterstützung geworben wurde.

Viel wurde in Europa spekuliert, ob Namibia so etwas wie ein Versuchsfeld für Südafrika sein könnte. Eine friedliche Entwicklung in einem Land, das mit der Republik am Kap sehr lange verbunden war und das ähnliche Probleme zu lösen hat wie dieses. Eine schwarze Mehrheit und eine weiße Minderheit sollen miteinander in Frieden zusammenleben. Die Wahl fand nach dem Prinzip „*One Man One Vote*" statt, ein Prinzip, das weißen Südafrikanern, die um ihre Identität besorgt sind, das Schaudern lehrt.

Geschäftsleute in Windhoek, die nicht daran glauben, daß die Schwarzen allein einen funktionsfähigen Staat aufbauen können, haben sich rasch einen pragmatischen Standpunkt zugelegt: „Die SWAPO braucht Geld, also braucht sie Geschäfte. Wir brauchen Geld und haben die Beziehungen. Wir handeln mit jedem und wenn es der Teufel ist."

Diesen Pragmatismus teilen nicht alle. Ein Weißer, dessen Muttersprache Afrikaans ist, sagte:

> Ich weiß nicht, ob ich ein Südafrikaner oder ein Namibianer bin. Geboren wurde ich hier, gelebt habe ich auch immer hier. Doch mein Reisepaß ist ein südafrikanischer. Nun bin ich aufgerufen zu wählen, ob die SWAPO oder die DTA (Demokratische Turnhallenallianz) die Macht übernehmen soll. Ich möchte erst einmal gefragt werden, ob ich überhaupt will, daß Südwest ein eigenes Land wird.

Eine Gruppe Weißer, die unserem Gespräch zuhört, nickt zustimmend.

Eine weiße Frau, die aus Deutschland gekommen ist, um ihr Glück auf einem anderen Erdteil zu versuchen, meint:

Die Lostrennung ist doch das Beste, was uns passieren kann. Unsere Schwarzen sind friedliche Menschen. Wir werden mit ihnen klar kommen. Die brennenden Townships von Südafrika brauchen wir hier nicht.

Auf meine Frage, ob sie nach Deutschland zurückgehen möchte, wenn die neue Regierung nicht ihren Vorstellungen entspricht, verneint sie.

Wer Südwest kennt, wer erfahren hat, was für angenehme Menschen hier wohnen, vergißt gerne den ganz normalen Wahnsinn in der Bundesrepublik. Hast, Hektik und Streß. Das sind doch hier alles Fremdworte.

Anpassungsprobleme hat sie keine:

Man weiß, daß die Schwarzen stehlen. Sie stehlen nicht, weil sie arm sind, sondern weil sie glauben, die Weißen sind blöd. Ich lasse mich in Maßen bestehlen, wenn's zuviel wird, schmeiße ich sie raus und nehme mir andere. Da kommt zwar der ganze Clan und versucht mir zu erklären, wie schlecht es ihnen ginge, wenn ihr Bruder oder ihre Schwester keinen Job hätten, aber ich sage ihnen, ich kann nur mit vertrauenswürdigen Menschen arbeiten.

In Lüderitz, einer Stadt zwischen Ozean und Wüste eingekeilt, scheint die Zeit stehengeblieben zu sein. Überall deutschsprachige Aufschriften. Von der Veränderung scheint der Ort Lichtjahre entfernt zu sein. Deutlich abgegrenzt die obligatorische Township. Zu viele Menschen mit zuwenig Arbeit, die auf die neue Regierung warten. Die Hoffnungen sind groß: „Wir werden Arbeit bekommen. Neue Industrien werden geschaffen. Auf den Farmen werden mehr Menschen gebraucht. Namibia wird ein blühendes Land werden."

In Lüderitz selbst sagt ein Alteingesessener: „Ich bin ein Südwester und bleibe ein Südwester. Was soll ich anderswo? Ändern wird sich nichts. Die Wüste wird trockenbleiben."

Menschen, die während der letzten Jahre zugewandert sind, haben schon fast fertiggepackt. Eine Frau aus der Bundesrepublik, die aus der Wolle der Karakulschafe Teppiche fertigen ließ, hat nur mehr Restbestände zu verkaufen:

Ich lasse mich doch nicht von einem aufgeblasenen schwarzen Wurschtel schikanieren. Ich habe gespart und werde in Hawaii ein neues Unternehmen aufmachen. Es schadet nicht, wenn man alle zehn Jahre etwas Neues beginnt.

„Was wird aus Ihren Angestellten?“, frage ich, „werden die nicht arbeitslos?“ „Möglich“, antwortet sie, „die Neger haben ihre Freiheit gewollt, jetzt sollen sie sie haben und sehen, wie sie damit zurechtkommen. Das ist nicht mein Problem.“ Ihre Stimme ist streng und sie gibt mir überdeutlich zu verstehen, daß sie mit mir nicht reden will. Ich bin einer der neugierigen Nasen, die überall herumschnüffeln und ihre Schlüsse ziehen. Ich bin mir sicher, ihre Abreise aus Namibia ist für das Land nicht wirklich ein Verlust. Vielleicht können sich die Arbeiter selber organisieren und Teppiche erzeugen. Diese sind sehr schön und ließen sich sicher in Europa gut verkaufen. Der internationale Handel mit Karakulwolle ist ohnehin nahezu zum Erliegen gekommen: Karakul ist nicht mehr in Mode.

In den Tageszeitungen wird die Angst vor der SWAPO geschürt. Das Land wird verstaatlicht, die weißen Farmer werden ihren Boden hergeben müssen. „Das ist doch völliger Unsinn“, sagt mir ein Schwarzer in Outju.

Kein Farmer wird auch nur einen Teil seines Landes hergeben müssen, wenn er auf dem Land lebt und es bebaut. Die Investoren aus Übersee, die als Geldanlage riesige Ländereien gekauft und nie ihren Fuß auf ihr Eigentum gesetzt haben und nichts mit dem Land tun, die werden sich von ihren

Farmen verabschieden müssen. Man wird sie nicht gleich enteignen. Sie werden vor die Wahl gestellt: Entweder richtige Nutzung oder verkaufen. In welchem Land der Welt besitzen Ausländer hunderte Quadratkilometer Farmland und machen nichts damit, während tausende Arbeitslose herumstehen und nichts zu tun haben.

Die Weißen Farmer sehen die Diskussion anders. So mancher öffnet während des Gesprächs einen Schrank, nimmt ein Gewehr heraus, streichelt den Lauf und sagt: „Bevor ich mein Land hergebe, fließt Blut."

Besonders an den Farmern, die während der letzten zwanzig, dreißig Jahre ihren Boden gekauft haben, zeigt sich das Problem der Abschaffung der Apartheid: Viele haben während ihrer Berufslebens Rand auf Rand gelegt und gespart. Bei Erreichen des Pensionsalters haben sie sich eine Farm gekauft. „Eine Farm war schon immer mein Traum." Im Rahmen der bestehenden Gesetze haben sie korrekt gehandelt. Nur als Weiße konnten sie soviel verdienen, daß sie sich eine Farm kaufen konnten. Schwarze verdienten niemals soviel, daß es für eine Farm gereicht hätte. Die unterschiedlichen Einkommensverhältnisse in der Apartheid waren so. „Was hätten wir anders machen sollen?", fragen Farmer zurück, wenn sie auf das Problem angesprochen werden. „Mehr Almosen geben, auf meinen Lohn verzichten, verheimlichen, daß ich besser qualifiziert bin als der schwarze Kaffer?" Mancher Weiße hat bei sparsamem Lebenswandel zwei benachbarte Farmen kaufen können. Mehrere tausend Quadratkilometer nennt er nun sein eigen. Die Vorstellung, auf sein Hab und Gut verzichten zu müssen, läßt ihn böse werden.

Viele dieser weißen Farmer sagen „Wir sind echte Buren", für sie ist die Erwerbung und die Bebauung ihres Landes Arbeit an *„ons land"*. Bestürzend für mich ist, mit welch alttestamentarischer Strenge diese Farmer über ihr

Burentum reden: „Noch nie hat bei uns eine weiße Frau einen Kaffer genommen. Wenn wir so etwas hören, brechen wir den Kontakt sofort ab." Es ist, als würde die von William Plomer im Roman *Turbott Wolfe* beschriebene Welt lebendig. Der Kontakt zwischen Schwarz und Weiß hat etwas Anstößiges, für echte, tiefe Beziehungen ist kein Raum vorgesehen.

Ein Farmer erzählte mir, daß ein weißer UNO-Soldat sich in Okahandja ein schwarzes Mädchen angelacht habe. *„Just for fun for one night"*. Er hatte ihr einen größeren Geldbetrag versprochen und auch einen Schein gegeben, auf dem eine Zahl mit vielen Nullen stand. Das Mädchen erfreute den Soldaten eine Nacht und ging am nächsten Tag in die Bank, um den Geldschein zu wechseln. Der Schalterbeamte schaute verdutzt und wechselte. Er gab ihr einen Rand. Der Soldat war Italiener und hatte ihr einen Lireschein angedreht. Die anderen Farmer und Farmerinnen zerspringen fast vor Lachen. Mich befällt die Ratlosigkeit. Was soll ich ihnen wünschen?

Großzügige Schwarze, die alle Kränkungen übergehen und sagen: Wir haben nun ein neues Land, wir beginnen von vorne, also reden wir nicht von früher. Wird das nicht als Schwäche ausgelegt werden? Soll ich ihnen Schwarze wünschen, die den Farmern sagen, wir haben jahrelang für euch den Rücken gekrümmt, wir haben jahrelang für euch den dummen August abgegeben. Nun rechnen wir ab.

Dabei sind diese Farmer von einer Höflichkeit und Gastfreundlichkeit, daß es einem den Atem verschlägt. Sie geben einem gern Quartier und erzählen über ihr Leben und berichten von Reisen. Sie haben versucht, über den sprichwörtlichen Zaun zu sehen. Mit viel Vergnügen erzählt einer, er wäre schon in Mexiko, in Thailand und in Indonesien gewesen. Süß wären die Huren in Bangkok. Doch zu Hause ist es am Schönsten. Und warum ? „Weil es bei uns sauber ist. Bangkok erstickt doch im Dreck."

Ein besonderes Bild des Jammers bietet Katatura. Die Township von Windhoek. *Katatura* heißt auf deutsch: „Der Platz, an dem wir nicht leben wollen". Jene Region, die jetzt von Weißen bewohnt wird, hat ausreichend Grundwasser und erlaubt dadurch die Anlage von gepflegten Gärten. Katatura ist trocken. Wenn der Wind durch die Straßen fährt, verklebt der Sand die Augen. Katatura ist bei weitem nicht so geplant angelegt wie Soweto. Es ist um vieles ärmer. Die Aufgabe, diese Menschen mit dem Allernotwendigsten zu versorgen, ist nahezu unlösbar. Viele haben bloß ein Jahreseinkommen von öS 1.400,–. Das ist auch für Südwest sehr wenig. Arbeitsplätze sind rar.

Früher kamen die Armen nicht in die Geschäftsviertel nach Windhoek, da gab es keine Bettler. Diese Zeiten sind vorbei. Die Habenichtse suchen nun die Geschäftsviertel nach Arbeit und Essen ab und verlangen zum Teil sehr aufdringlich Geld. Für die Weißen ist diese Entwicklung ein Schock. Über Nacht sehen sie sich mit dem Leben anderer konfrontiert, das sie nur vom Hörensagen kannten.

Nicht ausgeräumt sind die ethnischen Spannungen. Besonders groß sind sie zwischen Ovambo und Herero. Missionare werden nicht müde, von den gewaltigen Problemen zu erzählen. Bei Heiraten zwischen Angehörigen verschiedener ethnischer Gruppen brechen Eltern den Kontakt zu den Kindern ab. Das bedeutet für die Enkelkinder den Verlust ihrer Großfamilie. In Afrika, ein schwerer Verlust.

Mißliche Zustände auch im schwarzen Spital von Windhoek. Dieses wurde noch schnell privatisiert, als sich Südafrika entschloß, Namibia aufzugeben. Die Klientel sind Habenichtse. Es fehlt daher an allem. Während des Winters lagen die Patienten auf den Gängen herum, häufig fehlten Medikamente, Bettzeug und Matratzen. Was für manche Weiße Anlaß war, das alte Lied von der Unfähigkeit der Schwarzen anzustimmen.

Ein Wiener Kaffesieder in Windhoek brachte die Zukunft auf den typischen Nenner: „Gewinnen wird, wer besser bescheißt."

Namibia hat gewaltige Schwierigkeiten zu meistern. Nicht nur, daß ein großes Land mit einer geringen Einwohnerzahl vor dem Problem steht, wie eine funktionierende Infrastruktur zu finanzieren ist – da werden angeblich internationale Hilfsmaßnahmen kommen –, sondern daß eine Bevölkerung, die sich aus unterschiedlichen Gruppen zusammensetzt, erst lernen muß, einander nicht als Gegner zu sehen und daß die Bedürfnisse der einen nicht zu Lasten der anderen befriedigt werden können. Größer könnten diese Gegensätze gar nicht sein: Die Himba im Norden leben als Nomaden im Veld, die Deutschen haben in Windhoek einen Supermarkt, der vom Blünzerl bis zur Mozartkugel alles bereithält, was der verwöhnte Gaumen verlangt.

In Namibia gibt es Gegenden, in den Menschen seit Jahren keine Arbeit mehr finden. Nach dem Teilungsplan ist ihnen eine Region zugewiesen worden, diese ist durch das altbekannte Phänomen der Überweidung versteppt. Bodenschätze gibt es keine, für Industrie fehlt das Wasser. Diese Menschen aus ihrer verständlichen Lethargie zu reißen, ihrem Dasein Sinn zu gegen ist sicherlich ein Mammutprojekt.

In Namibia ist es aber auch möglich, daß eine bayrische Wirtin einen Gasthof aufmacht, der den klingenden Namen *Bayrischer Hof* trägt. Im Saal hängt ein Bild von König Ludwig, ein Wappen des Freistaats Bayern und die Deutsche Hymne. „Wo sonst auf der Welt kann man in Ruhe Monarchistin sein?", fragt sie lachend. In ihrem Lokal trinken in einem Raum bei Blasmusik die Weißen, im anderen die Schwarzen. „Zu mir kommen die Leute von der SWAPO und von der DTA“, sagt sie freundlich, „beim Fressen hört die Politik auf.“

In dem winzigen Dorf Grünau, eigentlich nichts anderes als ein riesiger Platz vor einer Tankstelle, an dessen Rand ein paar Häuser stehen, konnte ich eine Gruppe von Namas (Hottentotten) beobachten, die plaudernd inmitten der freien Fläche standen. Zwei Ovambo-Frauen in traditioneller Tracht überquerten den Platz. Sie würdigten die plaudernde Gruppe mit keinem Blick, und weil sie den kürzesten Weg wählten, gingen sie genau auf die Gruppe zu. Die beiden Ovambo-Frauen machten keinen Bogen, sondern die Namas wichen einige Schritte aus, um Platz zu machen. Die Rangordnung war deutlich gegeben.

Bei solchen Beobachtungen kann einem um die Entwicklung bang werden. Wie wird die neue Regierung mit den einzelnen Ethnien umgehen? Wird sie die Schranken, die jahrelang zwischen den einzelnen Gruppen von Regierungsseite verstärkt worden sind, abbauen, auf daß wechselseitiges Ignorieren nicht zum Alltag wird?

Schlußbemerkungen

Der Problemvielfalt des südlichen Afrika glauben nur unverbesserliche Ideologen durch einfache Rezepte beikommen zu können. Klar ist, daß alle Versuche der weißen Minderheit, allein an der Macht zu bleiben, zum Scheitern verurteilt sind. Die Zeiten der politischen Alchemie, wo unter dem Vorwand, die Verhältnisse zu verändern, nichts anderes geschah, als neue Bündnispartner zur Machtsicherung zu finden, sind vorbei. Gescheitert ist der Versuch, den Coloured und Indern eine eigene parlamentarische Vertretungsbehörde zu geben, die unter dem Vorwand wirklich mitbestimmen zu können, nur spärlich Einfluß auf politische Entscheidungen nehmen konnte. Gescheitert ist auch der Versuch, die Schwarzen von der politischen Macht fernzuhalten. Nach der Freilassung einer Reihe von ANC-Führern und den Gesprächen mit Nelson Mandela, ist der erste Schritt zu einem Dialog mit diesen Vertretern der schwarzen Bevölkerung vollzogen und scheint sich eine Entwicklung anzubahnen, die den Ausgleich in Frieden schafft.

Gesetze zu ändern ist eine Frage des politischen Willens. Doch wie sieht die Durchführung aus? Wie werden die Menschen in Südafrika miteinander leben können, nach all den Jahren der Kränkung, der Vorurteilsbildung und der Entrechtung? Wie soll es den Coloured gelingen die Angst vor der Übermacht der Schwarzen zu überwinden? Woher sollen die Inder wissen, daß sie niemand nach Indien zurückjagen will? Wie sollen die Weißen Vertrauen entwickeln zu einer Bevölkerung, die sie bevormundet haben? Wie sollen Schwarze vergessen, daß sie Wohngebiete verloren haben, nur weil reichen Weißen der Landstrich gefiel und sie dort lieber einen Golfplatz hatten?

Wie sollen sich Weiße den Zynismus abgewöhnen, den sie tagtäglich eingeübt haben? Wenn ein zugereister Deutscher die Entwicklung Südafrikas „positiv" beurteilt, „weil sich die Neger ohnehin aus der Welt bumsen, weil sie AIDS haben", dann kann man zumindest erwarten, daß er in sein Heimatland zurück muß, wenn er sich den neuen Gegebenheiten nicht anpaßt. Was geschieht aber mit einem weißen Südafrikaner, der dankbar ist, daß Gott AIDS den „Kaffern" geschickt hat, weil sie für ihre Faulheit und für ihren ausschweifenden Lebenswandel bestraft werden müßten?

Wie wird eine Gesellschaft, die so viel Leid erleben mußte, mit all dem Unrat an täglicher Diffamierung fertig?

Eine Antwort auf diese Fragen kann niemand geben. Tage der Hoffnung, daß es zu einem geordneten Dialog kommen könnte, in dem die unterschiedlichen Interessen zu einem für alle befriedigenden Ausgleich gebracht werden könnten, wechseln mit Tagen, an denen die Hoffnungslosigkeit überwiegt. Medienberichte über Kämpfe zwischen Anhängern der Inkatha und des ANC, Informationen über die Unzufriedenheit von radikalen Schwarzen mit der Kompromißbereitschaft von Nelson Mandela lassen an der Möglichkeit einer friedlichen Lösung der Probleme trotz allem zweifeln. Um die Situation besser zu verstehen muß man sich stets vergegenwärtigen: Nach Jahrzehnten weißer Machtausübung scheint sich eine Änderung abzuzeichnen. Doch ist die hoffnungsvolle Entwicklung nicht bar jeder Gefahr: lang aufgestaute Konflikte haben vielfach die Tendenz, Lösungen zu überstürzen und damit den notwendigen, schrittweisen Entwicklungsgang zu überholen.

Auch ist die Gefährlichkeit und das Ausmaß des Konfliktes in Südafrika, im Grunde einem gordischen Knoten gleich: Ethnische Probleme sind eigentlich versteckte soziale Konflikte, die ihrerseits durch Spannungen zwischen den Generationen überlagert werden. Es gibt sozusagen unterschiedliche Formen von kultureller Identität auch innerhalb der ethnischen Gruppen: So versteht der am Land lebende ältere Schwarze den jüngeren, in der Stadt (Township) lebenden Schwarzen nicht mehr. Die Zerstörung von traditionellen Familienstrukturen hat besonders in den Städten viele Menschen heranwachsen lassen, die ganz andere Vorstellungen vom Leben entwickelt haben als die bäuerliche, am Land lebende Bevölkerung. An den gesellschaftlichen Rand gedrängte, jugendliche Schwarze in den Städten, organisieren sich in Gangs, die sogar ihre eigene Elterngeneration terrorisieren. Diese Jugendlichen sind allerdings Opfer der Apartheid. Für sie alternative Ziele zu formulieren, die sie auch annehmen können, ist eine der schwierigsten Aufgaben, vor die jedes Regime in Südafrika gestellt ist, das wirklich ein harmonisches Zusammenleben der unterschiedlichen Bevölkerungsgruppen erreichen will.

Abschließend noch eine Kleinigkeit: Ich selbst komme aus einem Land, in dem mit Minderheiten, Kranken, Schwachen, Behinderten, Frauen, Kindern und Fremden nicht zimperlich umgegangen wird. Aus einem Land, das sich im Rassismus übelster Sorte mächtig hervorgetan hat und gerne bereit ist, schnell das Mäntelchen des Verdrängens und Verschweigens darüber zu breiten. Für Häme, Schadenfreude oder das Gefühl der Überheblichkeit ist kein Platz. Ich halte jede Wette: Lebten in Österreich mehrere Millionen Schwarze, Asiaten oder sonstige Fremde, wir hätten Apartheid, wenngleich sie anders heißen würde.

Edition Passagen

Herausgegeben von
Peter Engelmann

1 Recht auf Einsicht
Von Marie-Françoise Plissart (Photographie) und Jacques Derrida (Text)

2 Grabmal des Intellektuellen
Von Jean-François Lyotard

3 Apokalypse
Von einem neuerdings erhobenen apokalyptischen Ton in der Philosophie.
No Apocalypse, not now (full speed ahead, seven missiles, seven missives)
Von Jacques Derrida

4 Die Mauer des Pazifik
Eine Erzählung
Von Jean-François Lyotard

5 Schreiben wie eine Katze ...
Zu E.T.A. Hoffmanns „Lebens-Ansichten des Katers Murr“
Von Sarah Kofman

6 Philosophien
Gespräche mit Michel Foucault, Kostas Axelos, Jacques Derrida, Vincent Descombes, André Glucksmann, Emmanuel Lévinas, Jean-François Lyotard, Jacques Rancière, Paul Ricoeur, Michel Serres

7 Das postmoderne Wissen
Ein Bericht
Von Jean-François Lyotard
Mit einem Vorwort von Peter Engelmann

8 Positionen
Von Jacques Derrida

9 Melancholie der Kunst
Von Sarah Kofman

10 Jenseits vom Subjekt
Von Gianni Vattimo

11 Ethik und Unendliches
Von Emmanuel Lévinas

12 Schibboleth
Von Jacques Derrida

13 Postmoderne für Kinder
Briefe aus den Jahren 1982–1985
Von Jean-François Lyotard

14 Derrida lesen
Von Sarah Kofman

15 Das Andere selbst
Habilitation
Von Jean Baudrillard

16 Das Vergessen der Philosophie
Von Jean-Luc Nancy

17 Der Enthusiasmus
Kants Kritik der Geschichte
Von Jean-François Lyotard

18 Mémoires
Von Jacques Derrida

19 Erstickte Worte
Von Sarah Kofman

20 Wie Meeresrauschen auf dem Grund einer Muschel ...
Paul de Mans Krieg
Mémoires II
Von Jacques Derrida

21 Heidegger und „die Juden"
Von Jean-François Lyotard

22 Geschlecht (Heidegger)
Sexuelle Differenz, ontologische Differenz
Heideggers Hand
Von Jacques Derrida

23 Die Technik und die Schwäche
Ökologie nach Nietzsche, Heidegger und dem „schwachen Denken"
Von Hans-Martin Schönherr
Mit einem Vorwort von Gianni Vattimo

24 Konversionen
Der Kaufmann von Venedig unter dem Zeichen des Saturn
Von Sarah Kofman

25 Streifzüge
Gesetz, Form, Ereignis
Von Jean-François Lyotard
Mit einer Bibliographie zum Gesamtwerk Jean-François Lyotards

26 Die Prüfungen der Neuzeit
Über Postmodernität
Philosophie der Geschichte, Metaphysik, Gnosis
Von Peter Koslowski

27 Wirtschaft als Kultur
Wirtschaftskultur und Wirtschaftsethik in der Postmoderne
Von Peter Koslowski

28 Das Inhumane
Plaudereien über die Zeit
Von Jean-François Lyotard

29 Wie nicht sprechen
Verneinungen
Von Jacques Derrida

31 Verführung mit Aids
Eine philosophische Satire in sechs Monologen
Von Hans-Martin Schönherr

32 Chora
Von Jacques Derrida

33 Ereignis Technik
Von Wolfgang Schirmacher

Passagen Philosophie

Immanuel Kant zur Geschlechterdifferenz
Aufklärererische Vorurteilskritik und bürgerliche Geschlechtsvormundschaft
Von Ursula Pia Jauch

Schopenhauers Aktualität
Ein Philosoph wird neu gelesen
(Schopenhauer Studien 1/2)
Wolfgang Schirmacher (Hrsg.)

Vier Fragen zur Philosophie in Afrika, Asien und Lateinamerika
Franz M. Wimmer (Hrsg.)

Randgänge der Philosophie
Erste vollständige deutsche Ausgabe
Von Jacques Derrida

Freud-Legende
Vier Studien zum psychoanalytischen Denken
Von Samuel Weber

Schopenhauer in der Postmoderne
(Schopenhauer Studien 3)
Wolfgang Schirmacher (Hrsg.)

Der unbetrauerbare Tod
Von Laurence A. Rickels
Mit einem Vorwort von Friedrich Kittler

Die Freimaurer und ihr Menschenbild
Über die Philosophie der Freimaurer
Von Giuliano Di Bernardo

Zur Möglichkeit von Technikphilosophie
Versuch einer modernen Kritik der Urteilskraft
Von Rainer Schubert

Diskurs und Dezision
Politische Vernunft in der wissenschaftlich-technischen Zivilisation
Hermann Lübbe in der Diskussion
Georg Kohler/Heinz Kleger (Hrsg.)

Interkulturelle Philosophie
Geschichte und Theorie
Band 1
Von Franz M. Wimmer

Gegenlicht
Diskurse zur philosophischen Dialektik
Von Rudolf Gumppenberg

Rückkehr zu Freud
Jacques Lacans Ent-stellung der Psychoanalyse
Von Samuel Weber

Passagen Kunst

Das gläserne U-Boot
Von Edith Almhofer/Ulli Lindmayr/Eleonore Louis (Hrsg.)

Der Hund in der Kunst
Vom Rokoko zur Postmoderne
Von Robert Rosenblum

Passagen Ökonomie

Zwanzig Millionen suchen Arbeit
Bericht der Kreisky-Kommission
Ein Programm für Vollbeschäftigung in den 90er Jahren
Bruno Kreisky (Hrsg.)

Passagen Gesellschaft

Arbeiten und Essen
Politik an den Grenzen des Arbeitsmarkts
Von Georg Vobruba

Tod und Verklärung
Über die elitäre Konstruktion der Wirklichkeit
Von Wolfgang Fach

Passagen Zeitgeschehen

Der Aufstand
Palästinensische und israelische Stimmen zur Intifada
John Bunzl/Nadia El-Masri (Hrsg.)

die land is ons land
Reportagen aus Südafrika und Namibia
Von Helmuth A. Niederle

Passagen Buch²

Geburt einer Hauptstadt
Analysen und Chancen einer Stadt mit neuer Bedeutung
D. Steiner/G. Schöllhammer/G. Eichinger/Ch. Knechtl (Hrsg.)

Passagen Hefte

1 Vortrag in Wien und Freiburg
Heidegger und „die Juden"
Von Jean-François Lyotard

2 Perikles und Verdi
Von Gilles Deleuze